ダウントン・アビー・クロニクル

ドラマ『ダウントン・アビー』公式ガイド
伯爵家の人びと篇

A CARNIVAL FILMS / MASTERPIECE CO-PRODUCTION

ダウントン・アビー・クロニクル

ドラマ『ダウントン・アビー』公式ガイド
伯爵家の人びと篇

序文
ジュリアン・フェローズ

文
ジェシカ・フェローズ＆マシュー・スタージス

写真
ジョス・バーラット、ニック・ブリッグス、ジャイルズ・キート

翻訳
水越真麻

早川書房

バイオレット
どこの家にも事情があるものよ。

目　次

序　文　ジュリアン・フェローズ _____ 6
グランサム伯爵夫妻 _____ 10
執事カーソンと家政婦長ヒューズ _____ 34
レディ・メアリー・クローリー _____ 56
トーマス・バロー _____ 82
マーサ・レヴィンソン _____ 98
ジョン・ベイツ _____ 116
レディ・シビルとトム・ブランソン _____ 132
アルフレッド・ニュージェント _____ 158
レディ・イーディス・クローリー _____ 172
料理長パットモアと厨房メイドのデイジー _____ 192
マシュー・クローリー _____ 210
アンナ・ベイツ _____ 230
イザベル・クローリー _____ 248
サラ・オブライエン _____ 264
先代グランサム伯爵夫人 _____ 280
舞台裏 _____ 296

シーズン３キャスト _____ 316
献　辞 _____ 317
参考文献 _____ 318
写真クレジット _____ 319

序　文

ジュリアン・フェローズ

　自分で言うのははばかられるが、『ダウントン・アビー』ブームにわいたこの2年間、何度も大ヒットの理由はなにかときかれた。これは、はっきりとは答えにくい質問だ。テレビは精密科学のようにはいかず、なにがヒットするか予測できない。しかし、ひとつ成功の要素をあげるならば、伯爵家の人々も使用人も含め、すべての登場人物を平等に取り上げたことが物語のパワーになったと言えるだろう。登場人物の全員に感情、夢、野望、失望があり、すべての登場人物に過去の物語がある。本書が、登場人物とその背景をよりよく知り、登場人物との関係を深める一助となれば幸いだ。

　わたしがこのドラマを書こうと決めたのは、ある意味では、歴史的な興味よりもむしろ感情的な興味からだった。最初にプロデューサーのギャレス・ニームから、テレビで『ゴスフォード・パーク』［2001年のロバート・アルトマン監督、ジュリアン・フェローズ脚本の映画。フェローズはこの映画でアカデミー脚本賞を受賞］の世界に戻らないかと誘われたとき、わたしは迷った。しかし、わたしはちょうどそのとき『英国貴族と結婚する方法（*To Marry an English Lord*）』を読んでいた。そこに描かれていたのは、バカニーア（海賊）と呼ばれた若い女性たちだ。危機におちいった名家を救うべく、1880年代から90年代に英国に続々と上陸したアメリカの女相続人を指す。バカニーアと言えば、コンスエロ・ヴァンダービルトやコーネリア・ブラッドリー＝マーティンなどの美女が、腕を広げて（必ずしも心からというわけではないが）歓迎する貴族のもとに上陸するイメージを持つ人が多いだろう。しかし、20年後、30年後、あるいは40年後の、彼女たちの孤独な姿を想像できるだろうか？　イングランド中央部ミッドランズの凍りつく

ように寒い田舎の大邸宅で、アメリカのニューポートにある、快適であたたかいコテージに住む姉妹たちをうらやむ姿を。バカニーアの大半は守ろうとしてきた生活様式がすたれたあとも1950年代か60年代まで生き延び、時代遅れになった社会制度と政治制度に何十年も身を捧げた。どうやって、耐え抜いたのだろう？　そう考えると、さらに想像がふくらみ、キャラクターが生まれた。こうして、わたしは仕事に取りかかろうと決意し、このシリーズが生まれた。だから、グランサム伯爵夫人のコーラは『ダウントン・アビー』の母と言える。そう呼んでしかるべきだ。

　生家の影響を払い落とせる人はほとんどいない。わたしも、そのひとりだ。わたしはたくさんの親戚に囲まれて育った。必然的に、亡くなった親戚がわたしの脚本によく登場する。以前、暴君的だが印象的なわたしの大おばのイジーについて話した。この大おばがバイオレットの主なモデルだ（『ゴスフォード・パーク』のトレンサム伯爵夫人のモデルでもある）。皮肉っぽい機知に富んだ人だったが、じつはたくさんの悩みをかかえていた。そして、だれに対するよりも自分に厳しい人だった。わたしが大おばのようなタイプに敬意を覚えるのは、大おばに厳しい自制心があったからだろう。わたしの家族も、大おば以上にドラマの登場人物の創作に貢献してくれた。グランサム伯爵ロバートの境遇は別として、その人柄にはわたしの愛すべき亡き父が投影されている。こう言えば、父が非常に道徳的な人物であったことが伝わるかと思う。そして、父はおそらくロバートよりも賢明だった。父はつねに正しいことをしようとする人だったが、けっして、自分の属する社会的世界の構造に異議を唱えることはなかった。兄のひとりが言ったものだ——父が砂漠で立ち往生して砂に埋もれたパーキングメーターを見つけたとしたら、必ずきちんと料金を入れるだろう、と。こういうところは、わたしたちもしっかり受け継いでいる。少し前のことだが、わたしはトラファルガー広場にある食料品店のテスコで、10ポンドおつりをもらうべきところを、20ポンドもらった。翌日、わたしはロンドンまで返しにいった。悲しいことに、女性店長はニコニコしつつも、バカでも見るような目をしていたが。

　しかし、父は、いいところにせよ、悪いところにせよ、世界における自分の立場をけっして疑問に思わなかった。ロバートと同じように真摯に責任をはたし、これまたロバートと同じように、裕福であることは神のご意志であり、それゆえに財産を残すことが神に与えられた試練であるかのようにとらえていた。父は金もうけをなんとなくうとましく感じていた。そこも、ロバートと同じだ。もちろん、父はロバートのような（なんとなくではあるものの）反カトリックではなかった。わたしたちはカトリックの一家だ。でも、

宗教はクラブのようなものだと父が言ったのを覚えている。どんな宗教にも悪いところはないが、改宗はいけないことのように感じられると。これも、ロバートの言いそうなことだ。たぶん、言うだろう。

　わたしは階級を意識しすぎていて紳士気取りだと、メディアに批判されてきた。ひとつ目については、たしかにそういうところがある。生まれついた階級によってどう人生が形成されるかということや、現代でもあいかわらず階級がわれわれのあこがれや成功に大きな影響を与えているということに興味を持っているからだ。労働党政府に対する最近の報告書は、現代の英国でも生まれが依然として未来を決定する最大の要素であるという結論を出している。これはわたしには異常なことに感じられる。わたしが、階級はまもなく消えると考えられていた1960年代に育ったからかもしれない。1968年に、"40年後には階級はどれくらい重要だと思うか？"とだれかに質問したら、笑い飛ばされただろう。でも、たぶん、わたしは人より敏感なのだろう。わたしの育った環境では、ある意味で、階級の話題がタブーだった。父は母よりも上位の階級の生まれだったので、父の親族は母と母の家族を認めず、母は実際には夫婦の生活が問題だらけなのに、なにもないように見せかけるという難しい仕事をやってのけた。母は強い女性で、娘時代は器量がよかった。器量は、期間が限定されるとはいえ、社会的には大きな武器だ。しかし、母の人生は順風満帆ではなかった。母はまずまずの中流階級の生まれで、父はわたしの口の悪い兄が言うところの"土地なし紳士"だ。今日ではたいした差ではないように感じられるだろう。しかし、両親が結婚した1935年においては、大きな差だった。冷淡な態度、遠回しな侮辱、親しげなジェスチャーの裏のよそよそしさ。そのすべてをわたしは見てきた。子ども時代は驚き、大きくなって知識と洞察力を得てからは、冷静に観察した。いわば、境界線に立っていたことが、わたしの仕事に影響を与えたのだろう。しかし、論理的な人ならだれでもわかるように、わたしが紳士気取りだという非難はまとはずれだ。なぜなら、わたしは両方の階級に親近感を持ち、言わせていただけるならば、わたしの脚本は、両方の階級に社会的正義を求めているからだ。ともあれ、それがわたしの脚本が広く支持された理由のひとつだと信じている。

　オブライエンはわたしが好きな登場人物のひとりだが、祖父のいとこ——わたしたち兄弟から見て大おばのような人——のメイドがモデルだ。侍女として大おばに仕えはじめ、古い世界が崩壊すると話し相手に昇格し、大おばが亡くなるまでずっとその役割を務めた。表面的には廷臣のごとく慇懃だったが、腹黒くて冷たく、悪だくみにたけており、しだいに大おばから家族と

友人を遠ざけ、ついにはナイトブリッジの大邸宅を意のままに操った。だが、大おばはまったく気づいていなかった。大おばが知るかぎり、大おばの好意だけを求める忠実な使用人だったのだ。後年、家族が寄り付かなくなっても、大おばはその話し相手が原因だとは思わなかった。ある視聴者から、ドラマの描写で自分の若かったころの世界の記憶と唯一合致しないのは、よこしまな侍女だと言われたことがある。しかし、彼がまちがっていることを示す記録が残っている。侍女は複雑で怒りっぽい性格をしているものだと知られていた。そして、侍女はいつも地位をおびやかされるのではないかとおびえていた。シボーン・フィネランは典型的な侍女を演じている。他人に厳しくて計算高いのに、自分のこととなるともろい。わたしはオブライエンが大好きだ。

　ほかにも例がある。トーマスはわたしの俳優時代の着つけ係がモデルだし、イザベル・クローリーは、わたしの名づけ親である心理学者の奥さんからインスピレーションをもらった。カーソンはわたしの親友、アーサー・インチの影響が大きい。元執事で、『ゴスフォード・パーク』の第一アドバイザーだった。残念ながら他界したが、すばらしい人だった。ヒューズはわたしの創作だが、仕事は仕事とわりきっている、たいていの使用人の代表だ。雇い主を憎みもしない代わりに尊敬もせず、情熱も後悔もなく別の未来を受け入れるだろう。メアリーはわたしの妻エマがモデルだと人に言われる。たしかに外見はとてもよく似ているが、内面に関しては、むしろ負けん気の強いわが母のほうが似ている。しかし他人のルールに従うよりも、自分自身の運命を切り開くという点では、メアリーはエマのようだ。

　実際、すべての登場人物が、現実の世界のだれかに似ていてほしいと思っている。それによって、『ダウントン・アビー』の世界は、現実らしさを増す。事実、わたしにとっては現実のようだ。本書によって、みなさんにも、『ダウントン・アビー』の世界を現実のように感じていただけたらと願っている。

グランサム伯爵夫妻

THE HOUSEHOLD OF THE EARL OF GRANTHAM

Numbers for the Week ending Sunday, 13th 1920

	BREAKFAST.	LUNCH.	DINNER.	REMARKS.
MONDAY ...	5	5	7	
TUESDAY ...	4	3	14	
WEDNESDAY ...		5	5	
THURSDAY ...	3	6	5	Preparations
FRIDAY ...	10	14	18	
SATURDAY ...				
SUNDAY ...	7	8 7	6	
TOTAL	39			?

DAILY CARD

22nd 19 20

HOURS	LADY GRANTHAM	LORD GRANTHAM	FAMILY
7 am		Valet	
8 am	Ladies Maid		Lady Mary
Breakfast	In Room	Dining Room	
9 am			
10 am			
11 am		Chauffeur	
12 pm	Visit Village Hall		
1 pm			
Lunch	Houses		
2 pm			
3 pm		Livery	
4 pm	Arrange displays		
Tea			
5 pm			
6 pm			
7 pm			
8 pm			
Dinner	Yes	Yes	Lady Mary, Lady Edith
9 pm		Drawing Room	
10 pm			

ロバート　きみだって、つらいだろう。
コーラ　わたしは平気。アメリカ人だもの。強いのよ。
ロバート　きみがいてくれることに感謝する。

　グランサム伯爵ロバートには、多くの長所がある。親切で、家族に対して誠実で、妻を愛し、娘たちをかわいがり、公平な雇い主であり、まわりの人に寛大だ。しかし、ロバートにとって、第7代グランサム伯爵としての役割のほうが、これらのことよりも重要だ。自分があるひとつの目的のために生まれたということを、ロバートはよく自覚している。その目的とは、ダウントン・アビーを適切な状態に保ち、相続人に渡すことだ。しかし、神はこのことについてロバートに試練を与えているらしい。所領の未来を守るためにロバートが結婚したアメリカ人の夫人には、相続人になれる男子が生まれず、自分の次に相続権を持ついとこはタイタニック号の沈没で亡くなる。その結果、遠縁の中流階級の青年が相続人になるが、ロバートはこのマシュー・クローリーに会ったこともなかった。残酷な戦争はロバートから自信と富を奪った。戦後、ロバートは投資に失敗して財産を失い、先の読めない財政難に直面する。
　ロバートは最近発覚したこの問題にショックを受け、新しい下僕を雇う話を聞くだけで頭が痛い。グランサム伯爵役のヒュー・ボネヴィルはこう語る。「ロバートの役目は財産を守り、次の世代に引きつぐことです。だから、自分とこの考えをおびやかすようなできごとが起こると、ロバートは落ちこんでしまう」ロバートのような善人がこんな目にあうのは、ひどく不公平なことに思われる。
　しかし、悪いことばかりではない。ロバートが結婚したアメリカ人女性、つまり、コーラは、困難から立ち直る力を持ち、協力を惜しまない。ロバートが弱気になっても、コーラはどっしりとかまえていて、困難に直面してもひるまない。また、愛娘たちはダウントン・アビーを相続できないが、長女は相続の次に望ましいことをしてくれた。ついに、相続権を持つマシュー・

クローリーと婚約したのだ。そして、ロバートはマシューをじつの息子のように感じはじめている。

この激動の時代でロバートに有利な点があるとすれば、コーラと結婚しているということだろう。伯爵夫人コーラ役のエリザベス・マクガヴァンが語る。「コーラはロバートよりも柔軟に変化を受け入れます。それが、コーラがアメリカ人だからなのか、それとも生まれつきの性格なのかは、わからないけど。でも、この適応力のおかげで、彼女は娘たちと古い世代を取り持つの」

コーラはロバートに父親としての役割をはたすよう自覚させ、伝統や世間体ばかり気にせずに、もっと娘たちの幸せを考えるべきだと気づかせる。「コーラはブランソンを運転手というよりひとりの青年として見ることができているわ」と、マクガヴァン。コーラはどんなときでも母としての役割を第一に考えているが、ロバートの妻としての役割も大切にしている。コーラは伯爵夫人としての地位とそれにともなう責任の両方を受け入れるだけでなく、心の支えになってほしいという夫の要求も受け入れる。とはいえ、戦時中にはコーラは奉仕活動に打ちこみ、一時的に結婚生活をかえりみなくなり、ロバートに孤独感を味わわせた。

ロバート ときどき、生息地が破壊されていく野生動物になった気分になりますよ。

さらに、ロバートは周囲を見たり、とりわけ新聞記事を読んだりするにつけ、自分が時代遅れになりつつあるのではないか、旧社会の遺物なのではないかという不安を深める。戦後、英国が良識を取りもどしはじめると、もはやものごとは1914年の状態には戻れないことがあきらかになる。1920年、ピカデリー大通りでもっとも有名な建物、デボンシャー・ハウス（1897年にビクトリア女王の在位60周年記念式典が行なわれた場所）がデボンシャー公爵により投資家に売却された。先代が残した借金と、一族が初めて払うことになった約50万ポンドにのぼる相続税で、財政難におちいったためだ（のちに邸宅はワインセラーと門だけを残して取り壊された。門はグリーン・パークの入り口になっている）。この売却は時代の終焉を象徴するできごとだった。ロバートは、いかに由緒ある裕福な一族であろうと、戦後社会の厳しい経済の影響を受けずにはいられないという事実を突きつけられた。

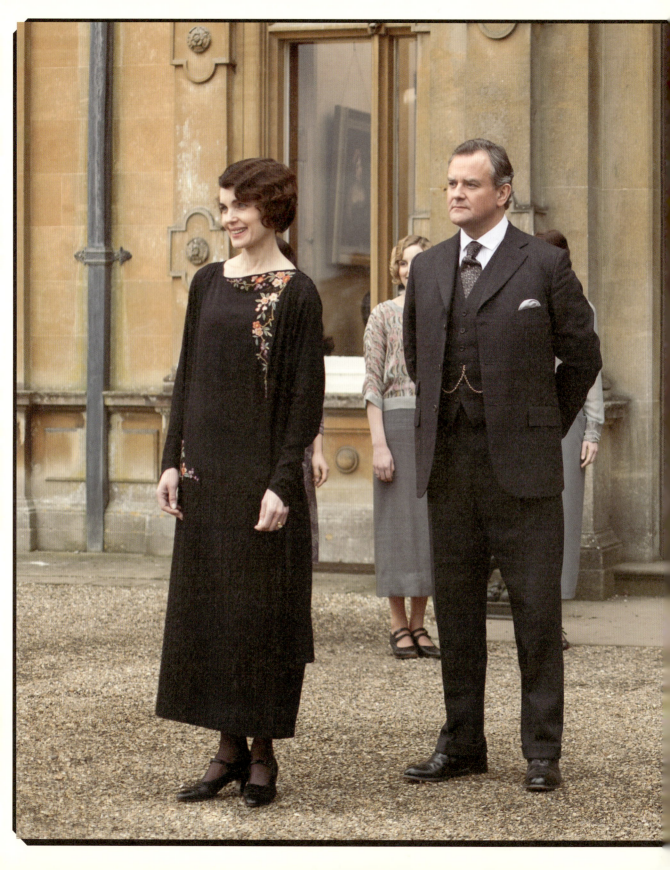

ロバート　いやに深刻そうだな。
マレー　よくわかっていらっしゃる。

　ある公爵夫人がこんなことを書いている。「あのころ、新聞には新貧困層と新興富裕層（前者は賞賛すべきものであり、後者はいやしむべきものだった）の記事があふれかえっていて、わたしの母の昼食会に訪れた貴婦人たちは新しい時代を非難していました。法外な税金、深刻な住宅不足、物価の高騰、人件費の値上がり、甘やかされた子どもたち……」つまり、困難と変化の雰囲気があったのだ。多くの人が、長引く鬱状態（無気力感〈カファール〉）におちいっていた。土地所有者層のなかには、息子たちを犠牲にして戦争に勝ったものの、国内にはもう居場所がないと感じる者が多かった。

ロバート　結婚式の準備は進んでいるか？　莫大な費用がかかるだろうな。
コーラ　メアリーに安っぽい式をあげさせられないわ。
ロバート　そうだな。安っぽくてはいかん。

　ロバートの小さな帝国は、末娘シビルと運転手の駆け落ちでひっくり返る。ロバートにとって受け入れがたいことだったが、ブランソンに寛大な態度をとらなければ、村の語り草になるとメアリーに意見される。そのメアリーも両親に大いに心配をかけたが、ようやく愛する人と婚約し、幸せそうだ。とはいえ、結婚式の費用とメアリーとマシューの新居の問題が、ロバートに重くのしかかっていた。イーディスのことも心配だ。イーディスはオールドミスになるか、あるいは、妻よりも看護婦が必要な男と結婚することになりそうだ。しかし、ロバートは3人の娘それぞれの長所を認めている。「なんだかんだ言っても、ロバートは柔軟な男です」とは、ボネヴィルの言葉だ。「いつも娘たちの決断に難色を示すが、それは表向きだけだ。シビルのやりかたは誉められたものではないと思いつつ、その情熱をすばらしいと感心している。それに、娘たちが道を切り開くことをひそかに応援している——実

際、イーディスは戦争中にトラクターを運転して、文字どおり道を切り開いたよ」

　娘たちのことも心配だが、もっと深刻な問題がある。ロバート自身が、人生の役割をどうはたせばよいかわからなくなっているのだ。今まで迷ったこともなかったのに。戦争中、ロバートは自分の無力さを初めて痛感し、うろたえた。ボーア戦争のときに誇らしげに身につけた軍服はたんなる衣服にすぎなくなり、勲章はロバートの年齢とふがいなさをあざ笑うだけだ。妻や娘は以前よりも忙しそうに、ほんとうの意味で戦争に貢献しているのに、自分にはなにもすることがない。戦争が終わったら権力を取りもどそうと思っていたが、その希望も消えた。

　この無気力感のせいで、ロバートはメイドのジェーンにキスをした——とボネヴィルは考える。「戦争中、ロバートは自信喪失と憂鬱を味わった。コーラや娘たちが戦時の労働に打ちこんでいるのに、自分は目的を失っている。古巣の連隊はお飾りとしてロバートを必要としているにすぎない。こんなことが続いて、ロバートは道を踏みはずしそうになる」幸い、ロバートはすぐに目を覚ます。「ジュリアンがこんなことを言っていたよ。"脚本を書くときの大前提は、本質的に人々は善良になりたいと思っているということだ"」と、ボネヴィルは続けた。「結果的に悪いことをしてしまっても、最初からそのつもりだったことはほとんどない。ロバートもまさにそうだ」基本的にコーラと仲むつまじい結婚生活を送り、毎晩、同じ部屋で眠るロバートは幸せだ。当時の貴族の夫人がこんなことを書いている。「大家では、夫と妻はおたがいに立ち入らないようにしながら暮らすこともできます。親密な関係が、幸せな結婚生活の必要不可欠な条件ではありません。つまらない男と結婚したばかりの新妻が、少なくともディナーの時にもう二度と隣にすわらなくていいと喜んだという話があります」

　ロバートがロンドンのクラブで知り合いの貴族に出くわしでもしていたら、こうなっているのは自分だけではないと気づいただろう。収入税と相続税が大幅に上がったために（相続税は1894年の導入時には８％だったが、1919年には40％に上がった）、ほとんどの貴族がこの苦境を感じていた。古くから土地は貴族の富の基盤だったが、もはやわずかな利益しか生みださない。海外から安い輸入品が入ってくるようになり、1880年代以降、農業収入と地代は下がるいっぽうだ。それなのに、人件費は着実に上がった。戦争によって状況はますます悪化する。多くの小さな所領が窮地におちいり、古い地主階級は滅びた。しかし、苦しいのは大きな所領も同じだ。借金の返済や投資金を集めるために土地の一部を売却する貴族が続出した。第一次世界大戦

直後、かつてない規模で土地が売りだされた。1919年には100万エーカー以上の土地の所有者が変わり、翌年には、リーズ公爵、ボーフォート公爵、マールバラ公爵、グラフトン公爵、ノーサンバーランド公爵が広大な土地を売却したために、さらに記録が塗り替えられる。ノーフォーク公爵はヨークシャーの所領のうち約2万エーカーを売却した。

ロバート　わたしには自分の身を守るよりも大切な義務がある。人々を雇い、大邸宅を守らねばならない。それができなければ、まったく無意味だ。

　土地を失うことは、たんに面目を失うことや、先祖に顔向けができないと感じるだけのことではない。大邸宅の存在意義は雇い主として、また、領主として地域に仕えることなのに、その役目をはたせないということなのだ。ロバートは重責を感じている——小作人や雇い人に対する責任感が、ロバートが財政状態を重視する理由のひとつだ。また、その責任感が、財政状態を悪化させた理由でもあるだろう。善良な領主なら、地代を値上げして小作人を追いこむようなことはしたくない。所領の管理人としての責任感が、ロバートの自信になり、他者との関係に影響を与える。ロバートはともに邸宅に対して責任を負っているカーソンに深い敬意を感じている。ベイツに対しては、階級を越えた真の友情を築いたと信じている（とはいえ、ベイツには、遠慮があるようだ）。

　歴史的に、英国貴族は土地と財産のほかにも特権を与えられ、政治的に優遇されてきた。しかし、これもまた、大打撃を受けていた。1911年の議会法によって上院の権力は大幅に縮小され、下院が可決した法案に対する拒否権が廃止された。さらに、新しい貴族が激増したことによって、貴族の社会的特権が危うくなった。土地持ちの貴族の敵であるロイド・ジョージ首相は仲介人マンディ・グレゴリーと組み、恥知らずにも、裕福な個人に称号を売った。騎士の称号なら1万ポンド、准男爵なら3万ポンド、爵位なら5万ポンド以上が相場だった。このチャンスに飛びついたのが、ロンドンの金融街や、新聞業界で大もうけした富豪だ。その財力はほとんどの領主を超えていた。こうした"新しいタイプの人々"の登場は、古い秩序への挑戦だった。英国は以前よりも能力主義的で民主的になりつつあるのかもしれない。ロバートにとっては穏やかではいられない問題だが、いずれ折り合いをつけなけ

ればならない。

**コーラ　昔より狭い邸に移る人も増えたわ。
メアリー　お母様はアメリカ人だからそう思うのよ。
わたしは英国人よ。**

　コーラはこうした変化を喜んではいないだろうが、すぐに前向きに反応した。アメリカ人であるコーラは伝統に対する見かたが違い、先祖の期待という重荷を感じることも少ない。コーラの関心は頭上の古い屋根を維持することではなく、身近にいる愛すべき者たちの幸せにある。裕福な家庭で育ったので、コーラには安心感と自信がある。それに、思いどおりに自分の領土を征服してきたので、その領土がなくなるかもしれないと考えても、ロバートほど不安にならない。そうしなければならないのなら、もう一度征服するまでだ。実際、コーラはそのチャレンジをむしろ楽しんでいる。娘のイーディスやシビルと同じように、戦時中に自分の役割を見いだしたコーラは、終戦後、その役割をなつかしんでいる。ロバートに求められれば、コーラは喜んで協力し、結婚生活と家庭でより重要な役割をはたしただろう。「コーラはとても愛情深くて、ロバートの欠点に寛容なの」マクガヴァンが言う。「ロバートのことを深く愛しているからよ。コーラはロバートに足りない部分をおぎなっている——わたしたちみんなが、愛する人にそうしているように」
　コーラには気晴らしがあればありがたいと思う理由もあった。友人の多くが戦争で息子を亡くしたことに気づかずにはいられなかったからだ。出征した貴族の5人にひとりが亡くなった——これはほかのグループより高い割合だ（英国軍全体で見ると、8人にひとりの割合）。戦争は終わったものの、その影響を感じずにはいられない。フィンゴール伯爵夫人はこう回想する。「戦時中には、死傷者のリストを受け取らなくなったら、なんの心配も不満もなくなるだろうと思ったり言ったりしたものでした。でも、いざ、戦争が終わると、みんなすべての感情を失ってしまいました。なにも感じないのです。元の暮らしに戻ったり、そうしようと努力したりしました。でも、以前知っていた世界は消えてしまった。また狩りをしても、亡霊が同行するのです。食事の席につくと、亡くなった人たちの顔が浮かびました」
　もうひとつ、戦争は思わぬ副作用を引きおこした。以前、貴族は下級階層

にとって遠い存在に思えた。しかし、戦線では男たちは塹壕のなかで隣りあって身をひそめ、女たちは看護婦として並んで働いた。こうして貴族の神秘性はいくぶん失われた。アメリカ人であるコーラは、これに動じなかった。むしろ、古くて融通のきかない階級制度がゆらぎはじめたことを歓迎しただろう。とはいえ、この変化がいかにロバートを動揺させるかということには気づいていた。

夫と同じように、コーラにとっても、このような状況にいるのは自分だけではないと知ることが、慰めになる。1880年（コーラが結婚する10年ほど前）には、英国にはアメリカ人の貴族女性は4人しかいなかった。それが、第一次世界大戦のころまでには50人に増えた。人数が増えただけでなく、英国の上流階級の雰囲気もアメリカ的で堅苦しくなくなってきた。海を渡ってきた新世代の女主人たちの影響だ。エルザ・マックスウェルや、ナンシー・アスター、エメラルド・キュナードなどがいる。英国貴族と結婚した初代の"バカニーア（海賊）"と呼ばれた女性たちは、厳しい階級制度と堅苦しいルールだらけの英国社会を窮屈に感じた。しかし、戦後になると、世界は緩みつつあった。ダウントン・アビーにいたコーラは、ロンドンにあるレディ・キュナードのサロンから遠く離れていたかもしれないが、同郷の女性のアメリカ様式と功績に感謝したことだろう。

ダウントン・アビーを去って小さな邸に移り住むのは残念なことではあるが、コーラには楽しみも見つかるだろう。戦前は、これといってコーラが楽しめるレジャーがなかった。絵画や刺繡がうまい女性もいたが、多くの女性は"こより"で灯芯を作って時間をつぶした。古い手紙を3、4センチ幅に切って蛇腹状に折って作るのだ。火を灯すときのたきつけに使ったり、マッチ代わりに使われたりした。「いらなくなった手紙をこよりにして箱につめるのは、楽しくて心やすらぐひとときでした」と、レディ・ハイド・パーカー。「メルフォード・ホールの書斎や寝室の暖炉のマントルピースには、こよりを入れる箱が置いてあったものです」

もちろん、戦争は女性のファッションも変え、ことあるごとに着替えをする習慣がすたれはじめた。コーラはエレガントで洗練された女性で、娘たちより丈の長いドレスを着つづける。そこでコスチュームデザイナーは「ある程度のフォーマルさをそなえつつ、変化に寛容なアメリカ人らしいオープンさ」を表わすドレスを探した。あるイブニングドレスはランバン——1920年代のデザイナーだが18世紀ふうの雰囲気がある——に影響を受けてデザインされたものだ。「そのデザインをもとにして、ダークチェリー色の絹のアンダードレスの上に、パニエでふくらませたように見える透ける素材のド

レスを重ねることにしたの」キャロライン・マッコールが説明する。「テキスタイル・ディーラーが、ビーズつきの、きれいな古いシフォンの飾り布を見つけてきたので、それを活かしてドレスを作ったわ」

　ロバートはコーラよりも保守的で、あまり流行に敏感ではない。サヴィルローにあるテーラーでも自分が主導権を握り、ハンツマンでブラックタイを作らせたときも、1920年代に流行った細身のシルエットではなかった。「それでも、わたしたちはロバートに少しは時代に合わせてもらえるよう、努力したのよ」と、マッコール。「スーツは戦前ほど襟がつまっていないし、ボタンは4つじゃなくて3つ。田舎で着るカジュアルなスーツには、ときどきソフトカラーのシャツを合わせる。でも普段はラウンドカラーやレギュラーカラーを使うし、フォーマルな場面ではウイングカラーを選ぶの」

バイオレット　使用人を雇うのはわたしたちの義務よ。使用人のいない貴族なんて、村人にとって無意味だわ。

　ロバートは周囲の人たちとは違うペースで生活を送り、ペースの速い時代にあってもそれを変えるつもりはない。「ロバートは、だれよりもゆったりとかまえていいはずだ」と、ボネヴィル。「ディナーのときの服装がいちばんの関心事で、ホワイトタイを選ぶのが当たり前の社会なら、ものごとをゆっくりとらえられるようになるもんだよ。演じるときには、その点に気をつけている」ロバートが育った世界は、いまや崩れかけているかもしれない。しかし、ロバートは、充実した人生を送り家族や使用人を養っていくつもりなら、時代についていく必要があるとわかっている。コーラがそばについていれば、それができるチャンスは充分にある。

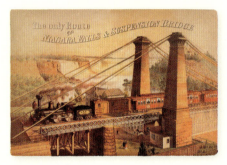

銃猟パーティは、貴族の年間行事のなかでも目玉だ。いつもと違う、堅苦しくない雰囲気がある。ジュリアン・フェローズの言う英国の"上流階級の気さくな遊び"だ。ある執事が回想する。「銃猟パーティでは、ランチを外で食べます。いつもよりくつろいだ雰囲気でした。あまり行儀を気にしなくていいですから。ご家族のみなさんも、ゆったりとしていらっしゃる。いつもと違う雰囲気なのです。わたしも楽しませていただきました」

グランサム伯爵夫人のカルティエのダイヤのネックレスは、貴族の象徴だ。1847年創業のパリの老舗宝石店カルティエは、長らくニューヨークとロンドンに店舗をかまえていた。カルティエについて、エドワード7世の有名な言葉がある──「王の宝石商であり、宝石商の王である」。宝石は貴族女性の大切な資産のひとつだ。上流社会の婚礼では、花嫁の両親や、花婿の両親、友人から花嫁に宝石が贈られ、新聞に掲載された。贈られた宝石はおおやけの場でつけられ、夫婦の富と地位を示した。

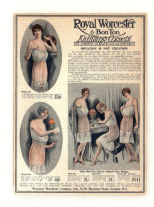

執事カーソンと家政婦長ヒューズ

上：取り扱い説明書に「便利なホットポイント電気トースター！」とある。戦後、新しい電化製品が続々と現われたが、トースターの登場は比較的、遅かった。トースターには、あたたまるのが早くて、しかも、発火せずに繰り返し使える電熱線が必要だった。1905年にニッケルとクロムの合金（初めはニクロムと呼ばれ、やがてクロメルという名が定着した）が開発されたことで、これが可能になる。そのあとすぐ、電気トースターが登場し、ゼネラルエレクトリック社がホットポイントというブランドで、ほかのメーカーをリードした。このトースターではパンを片面ずつ焼き、手動か自動でパンを裏返す。最初のポップアップトースターは1919年に特許を取得したが、一般に売りだされたのは1926年になってからだった。

右：客のもてなしは大邸宅の生活の重要な一要素であり、執事と家政婦長が協力して準備をする。家政婦長は邸の女主人と相談して、宿泊客に部屋を割り当てる。宿泊客とその使用人全員に部屋が必要だ。使用人を連れていない客は、邸の下僕とメイドが"世話"をする。執事カーソンは男性使用人を客の従者として割り当て、家政婦長ヒューズは女性使用人のなかから客の侍女を割り当てる。

Wedding Preparations — VISITORS

Name	Room	Special Requirements	Numbers	Valet or Ladies Maid
The Lady Mabelle	Pimlico	No Meat for any meal	1	Ladies Maid
Mr Sallcroft	Arundel		1	
Mrs Arabella	Queen Caroline	breakfast in her room	1	Ladies Maid
Mr Dillingham	Mercia	luggage to follow	2	
The Count of Creston	East Anglia		1	Valet
The Countess of Creston	Grantham		2	Ladies Maid
Lord and Lady Velling	Stanhope	Papers to be taken to room every morning	2	Ladies Maid and Valet
Lord and Lady Indell	Ripon		2	
Lord Croughurst	Wetherby		1	Valet
Sir Ginzer Blake	Harrogate		1	Valet
Sir Edward Pryke	Bootham			

カーソン　それはなんだね？
ヒューズ　電気トースターよ。自分用に買ったんですけど、便利だったら、ご家族の朝食にもおすすめしたいと思って。

　ダウントン・アビーにトースターが来たことは、戦後のテクノロジーが到来することと、使用人たちの世界である階下でも変化が始まることの前触れだった。当然、カーソンは歓迎しなかった。伝統を重んじるカーソンには、新しいもののよさが理解できない。しかし、ヒューズはカーソンより現実的で、仕事の効率を上げるためなら、新しいものを喜んで取り入れる。
　カーソンは人生における自分の役割をよく承知している。つまり今までと同じように邸を維持することだ。「カーソンは軍人と使用人の一家の出身です」とジュリアン・フェローズ。「祖父は厩 番 頭で、中位中流階級の生まれです。食べ物を求めて溝をあさることはなかったでしょう」カーソンは君主制や貴族階級、社会的秩序をよいものだと信じている。だれにでもふさわしい場所があると信じており、だれもがそれを守るべきだと強く思っている。
　シーズン１であきらかになったように、カーソンには秘密の過去がある。邸で勤めはじめる前に、"おちゃめなふたり"というコンビ名で演芸場に出演していたのだ。カーソンを演じるジム・カーターは、このドラマチックな転職がカーソンの性格に与えた影響を説明する。「なにかから逃れて使用人になる人は、熱心に働くだろう。カーソンも同じだ。過去を封印し、すべてが整然としているダウントン・アビーを愛している」
　戦勝国として終戦を迎えれば、すべて元どおりになるかもしれない——カーソンはそう期待している。この点で、カーソン、グランサム伯爵、先代グランサム伯爵夫人は同じだ（カーソンの服装は、シーズン１から３までまったく変わっていない。コスチュームデザイナーのキャロライン・マッコールが「カーソンは変わらないものが好きだから」と語っている）。しかし、カーソンは期待はずれになるかもしれないと気づきはじめる。邸が人手不足だという事実——つまり、なにごともカーソンが慣れ親しんだやりかたでは

きない（とくにレディ・メアリーとマシュー・クローリーの結婚式がいちばんの気がかりだ）――は別として、戦争はすべてを根本的に変えてしまった。前線で戦った者たちは新しい人生観を持って戻ってきた。マシューの"もっと質素な生き方がしたい"という意見は、カーソンと、カーソンがものごとに取り組むときのアプローチにとって、よい予兆ではない。

**ヒューズ　ディナーはものごとの中心じゃないわ。
カーソン　わたしにとってはそうだ。**

　カーソンは調和が乱れると、動揺する。たとえば、食堂にメイドが現われたり、結婚式があるのに下僕が足りそうになかったり、運転手が伯爵の末娘の夫として階上の部屋に泊まったりすることだ。人生の過酷な挑戦――戦争や、死、ダウントン・アビーを去ることなど――には、英国人らしく冷静に慎み深く耐えるであろうカーソンなのに、新米の下僕が先代伯爵夫人におぼつかない手つきでジャガイモを給仕するのを見るとひやひやする。
　カーソンは下僕を増やしたいと思うが、オブライエンが言うように"下僕は戦前よりも数が減っている"うえ重労働ときているので、適任者がなかなか見つからない。いつものようにロンドンのあっせん所に問いあわせても、《タイムズ》紙に広告を出しても、"地下組織の情報網"（つまり、ほかの大邸宅の執事に適任者がいないかきいてみる）を使っても、1920年はまるで成果がなかった。オブライエンが甥のアルフレッド・ニュージェントをそれとなくすすめたとき、カーソンはそれも悪くないと思った。しかし、自分の知らないあいだにオブライエンがグランサム伯爵夫人コーラにアルフレッドを雇うように根まわししたと知り、驚く。だからといって、カーソンはコーラを責められない。アメリカ人のコーラにはこういうやりかたが正しくないとわからないのだろう、と自分を納得させる。もっとも、すべてオブライエンの策略だということはお見通しだった。
　執事は自分の領域では絶対的な支配力を持つ。その権限には男性使用人の雇用と解雇も含まれ（女性使用人に対しては、ヒューズが責任を持つ）、邸の女主人に決定を報告する（従者や、侍女、料理長など上級使用人の雇用や解雇に関してはあまり発言権がない）。ハンブルデン子爵夫人のパトリシアが、ウィルトン・ハウスの執事がどんなふうに仕切っていたかを説明する。
　「だれかに対して不満があるとき、わたしのところに報告にきたものです。

"ジョージには問題があります。解雇なさるべきです"と。そのあと、執事が後任を探します」

　ヒューズはダウントン・アビーの家政婦長として生きることを選び、結婚して家庭を持つことをあきらめた。理由はわからないが、ヒューズは小作人だった先祖よりも厳しい人生を選んだと言えるだろう。女性参政権論者に運命をゆだねたわけではなさそうだ。シビルと議論することはないし、辞めていくメイドに同情することもない。

　だからといって、ヒューズに野心がないわけではない。仕事に誇りを持ち、確実に仕事をこなし、ほかの使用人に尊敬されている。長年勤めれば、引退後にはダウントン・アビーの所領で快適な暮らしを保証されるはずだ。身なりにお金をかけたいという気持ちもあるし、そのお金も持っている。シーズン3では、ヒューズのコスチュームに変化がある。衣装部のキャロライン・マッコールによれば"ちょっとファッショナブルなコスチューム。ネックラインが少し下がって、裾はやや短め"だ。下品ではないが、時代遅れでもない。

　ヒューズの入念な計画を壊しかねないものがある。病気にでもなれば、計画どおりにはいかない。病気になる心配を別としても、働けなくなれば、住むところにも困る。持家はなく、同居人として受け入れてくれる家族もないだろう。当時、公的扶助はかぎられていたし、だれであろうと長いあいだ快適に暮らせるものではなかった。

　ヒューズには使用人のなかに敵がいない代わりに、親しい友人もいない。「彼女にはちょっとカルヴァン主義者みたいなところがあるわ」ヒューズ役のフィリス・ローガンが語る。「女性の使用人とある程度の距離を保たなければならないの。甘くて、くみしやすい人だと思われてはならないから」個人的な悩みごとをかかえているときでも、ヒューズにはほとんど相談相手がいない。家政婦長として、格下の使用人に心を許すわけにはいかない。カーソンは仕事上の仲間だが、異性であるだけに越えてはならない線がある。結局、過去には食品棚の鍵や食費のことでもめたものの、ヒューズは料理長パットモアに相談する。長年同じ邸で働いているので、ふたりはたがいをよくわかっていた。仕事では別々の領域を支配しているので、必要があれば適宜、距離を置く。しかし、今のヒューズには親身になって相談にのってくれる人が必要だ。ぶっきらぼうなパットモアが、悩める人に接するときには、それらしい態度で接してくれることを祈ろう。

　いろんな点で、カーソンとヒューズはグランサム伯爵と伯爵夫人の鏡像だ。伯爵は所領の主だが、邸を取りしきるのはカーソンだ。伯爵夫人は家族の社

交を監督し、客を招くが、客の心に残る快適な滞在を手配するのはヒューズだ。しかし、カーソンとヒューズがいかに伯爵夫妻を尊敬し、上級使用人の立場を楽しんでいようが、夫妻がいかにふたりの仕事ぶりに感謝していようが、両者はけっして境界線を越えることはなく、親密になりすぎることはない。

**ヒューズ　あなたみたいにご家族をあがめていないけれど──
カーソン　あがめるってことはないが──**

　カーソンとヒューズのように、家族と使用人のあいだに位置しながらも、どちらにも完全には属さないのは不思議な人生だ。ふたりがたがいに──形式ばった流儀であっても──頼りにする理由は、簡単に理解できる。しかし、ふたりは比較的親しいものの（ときどき、ふたりの関係は『日の名残り』を思い出させる）文句を言いあう。ヒューズは、カーソンは階級を意識しすぎることがあると思っている。いっぽうカーソンは、ヒューズが伯爵家の人々に無理なお願いをするので、遠慮が足りないと感じる。自分の考えを知ってもらうために、カーソンはヒューズに前年の1919年に公開された人気映画『男性と女性』（J・M・バリーの1902年の戯曲『あっぱれクライトン』にもとづく）をすすめたかもしれない。難破して無人島に漂着したローム卿の一家と使用人が登場する。執事のクライトンは一行のなかでもっとも現実的で順応性が高いので、リーダーになる。カーソンは、さぞ、おもしろかっただろう。やがてローム卿の令嬢のメアリーがクライトンに恋をする（この点については、カーソンは現実離れしていると感じただろうし、ヒューズはあるまじきことだと眉をひそめただろう）。まさにふたりが結婚しようとしたとき、救けの船が現われ、全員が救出される。文明社会に帰ると、結婚は中止になり、それぞれが社会階級の慣れ親しんだ地位に戻っていく。カーソンはこの結末を心からめでたしめでたしだと思っただろう。
　階下ではカーソンはおじのような存在だが、人の過ちに関しては非情になるときもある。ただし、過ちをおかした者が慣習に従って行動する貴族か、仕事のできる使用人であれば別だ。その場合は、すべてを許す。「カーソンは別に融通のきかない人物ではない」と、カーソン役のカーター。「しかし、

カーソン　運転手の着替えなど手伝わん。
ヒューズ　もう運転手じゃないわ。着替えはいいとして、不便がないようにしないと。

カーソンにとっては、きちんとやることが重要なんだ。使用人は仕事ができなければならない」カーソンはトーマスが貯蔵庫からワインを盗んだことも、傲慢でずるいことも知っている。しかし（ベイツが不在のため）従者としてトーマスほどの適任者がいないので、グランサム伯爵に彼を従者として推薦する。ベイツがダウントン・アビーに来たばかりのころ、カーソンはベイツをよく思わなかった。ベイツが足をひきずり杖をついているので仕事ができないと思ったからだ。しかし、一緒に仕事をしてベイツを知るようになると、ベイツが殺人罪で投獄されていても、カーソンは迷わずベイツを弁護する。

カーソン　バローさん、われわれはベイツさんの無実を信じている。異議があるなら、外で食事をするがいい。

　任されている仕事からも、使用人のなかでのカーソンの位置づけがわかる——銀製品の手入れや、ワイン貯蔵庫の管理（ワインを選んで注文し、昼食やディナーにどのワインを出すかを決める）、ワインをボトルからデキャンターに移し、グラスに注ぐ。執事の勤務時間は長かっただろうが、執事の仕事を撮影するのにも時間がかかった。カーターはこう説明する。「わたしにとっては、階上の仕事のほうがたいへんだ。するべきことが少ないのでね。文字どおり、ほとんど一日じゅう立ちっぱなしで、それからお皿を渡したり、ワインを注いだりする。疲れるし、手持ちぶさただ。でも、執事とはまさにそうなのだろう。階下では、執事は中心人物だ。執事が使用人ホールに入っていくと、みんなが気をつけの姿勢をとる。イーリング・スタジオで階下のシーンを撮影するときは、あっというまに時間が過ぎ去るよ！」
　いかなる仕事よりも、カーソンは邸の運営に責任を感じている。下僕の仕事を監督し、伯爵一家の要求に確実に応えなければならない。一家の銀製品や伯爵夫人の宝石を執事の食器室（バトラーズ・パントリー）の金庫で保管するのも仕事だ。なにごとも、いつもの水準を保たなければならない。つまり、執事に休みはないということだ。リッチモンド公爵はグッドウッド邸にいた老執事のことを覚えている。「あるとき執事にたずねました。"おまえのことが心配なんだ。いったい、おまえは毎日どのくらい歩いているんだ？"そこで、執事のポケットに歩数計を入れました。執事が一日に邸中を歩きまわった距離は約30キロでした」

使用人に対する支配権と、反乱を招きかねない独裁権のバランスをとるのは、難しい。とはいえ、カーソンはうまくやってきた。ほかの大邸宅では、もっと熾烈な戦いがあった。ある下僕は執事のペティ氏の鼻をあかすために、そうとう苦労したことを覚えている。「執事はずるがしこい人でした。彼の個室は正面玄関のそばにあり、彼がそこから執事の食器室に移動すると、わたしたちには足音でわかりました。彼はそれを知っていたので、使用人がさぼっているところを見つけようと――見つけたいと思っていたのでしょう――靴を脱いで靴下で歩いてくることがあるのです。わたしは一度、仕返しをしてやりました。個室の外の絨毯の下のタイルがはずれかけていたので、そこにワイヤーを取りつけて、執事の食器室のベルにつないだのです。執事が部屋を出たら、わたしたちにすぐにわかる寸法です。彼がそのしかけに気づいたときのことを思い出すと、今でもお尻がヒリヒリします」

　仕事がうまくいったのを見とどけるのは、カーソンの喜びだ。ある執事は、ディナーパーティのテーブルセッティングを監督することに誇りを持っていると語った。「何を期待すべきかわかっているお客様に、テーブルでくつろいでいただかなくてはなりません。お客様にしていただくのは、取り分けることだけ。手を伸ばさせてはいけません。お客様がなにかを取ろうとしたときに、ものとものがぶつかってもいけません。グラスと皿の配置が重要ですが、見栄えも大切です。ぬかりなくセットするためには、こつが必要です。お客様がテーブルについているときに、使用人がバタバタと動きまわるのはみっともないことです！」

　カーソンは良質のものに囲まれることを、なにより楽しむ。ある執事が自分の職業人生を教育だと言っている。きっと、カーソンは賛成するだろう。「美しいものに囲まれて暮らしていると、いい影響を受けます。まず、いいものと悪いものの区別を覚えます。審美眼が身につき、本棚に並ぶ本を見ているうち、いつか１冊手に取って読んでみる。小耳にはさんだ会話に刺激を受け、好奇心を覚える。道徳価値も学びます。必ずしも手本から学ぶのではなく、観察することや、比較することからも学ぶのです」

　家政婦長ヒューズは、カーソンと比べると、こういうところがないようだ。ヒューズはヨーロッパの王室に関心があるようなことを言わないし、大広間の肖像画をほれぼれと眺めることもない。肖像画よりも、むしろ額の金箔を貼った渦巻き模様にたまる埃を気にする。すべての使用人のなかで、ヒューズはもっとも忙しくなさそうに見える。鍵束をぶらさげて部屋のなかを歩きまわったり、若いメイドに仕事の進み具合をたずねたりするシーンが多いが、ヒューズがなにをしにきたのかはわからない。実際には、ヒューズには仕事

が山ほどある。メイドの日課（火をおこしたり、掃除をしたり、朝食を取る部屋を整えたりする）の監督に始まり、そのあとはベッドメーキング（週に1度シーツを取り替えるが、伯爵夫人のシーツは週に2度替える）や、水差しの水の入れ替えがある。女性使用人の業務表やリネン類の管理表を作ること、おもな部屋が代わるがわる完璧に掃除されるようスケジュールを組むことも、ヒューズの仕事だ。

リネン類の管理は、時間のかかる仕事だ。ベッドリネンのほかに、"仕事用のリネン"の注文、準備、管理もしなければならない。厨房では、食器をふく布、オーブンに使う布、手をふくタオル、スープをこすための目のこまかい布、ほかにもたくさんの布がいる。メイドも大量の布やタオルを使う。執事や下僕には、銀製品をふくために四角く切った薄いリネン100％の布だけでなく、いくらでもリネンのタオルが必要だ。リネン類は毎日使われるので、家政婦は夜中までかかって翌週の分を準備することがある。

ヒューズは日用品の在庫管理も担当する。粉石けんなどは、3カ月ごとにロンドンからまとめて取りよせる。しかし、ほかの物品は地元の店から手に入れる。ヒューズは使ってみたい新製品の新聞広告に目を凝らす。たとえば、スティーヴンソンの家具クリームの"指紋もつかず、鏡のようにピカピカ"という広告に注目しただろう。ヒューズは進歩にひるむことなく、仕事の能率を上げる工夫を積極的に試す。1920年の初めに、アンナがベイツの亡き母の家を借家にするためロンドンに行ったとき、付き添いで同行したヒューズはアイディール・ホーム・エキシビションという家庭用品見本市を見にいった可能性がある。"英雄にピッタリの家"のテーマは、1919年の住宅法を反映していて、家庭内の衛生と家事を効率化する製品が目玉だった。ヒューズはトーストスタンドや電気ケトル、ヒーティング・スタンドを置いた居間に"電化ティーテーブル"もほしいと思ったかもしれない。

家政婦のおもな役得は、ひいきにしている業者からもらう"心づけ"か"手数料"だ。第一次世界大戦と第二次世界大戦のあいだに、レスターシャーのソープ・サッチュビルで家政婦長をしていたブリストー夫人は、その制度がじつにうまくいっていたと語る。自分でサインした商人の請求書を、邸の主人か女主人に持っていき、小切手を書いてもらう。「1週間以内に支払いをすませると、魚屋や青果商から30シリングのチップをもらえました」

ヒューズは現グランサム伯爵夫妻が当主になったあとで、ダウントン・アビーで勤めはじめた。ヒューズは夫妻の邸に対する考えを実現しようとしている。ヒューズとコーラの組み合わせは、相性がよかった。古株の家政婦は自分のやりかたで準備を進めがちで、新しい女主人が来ることを歓迎しない

年に一度、使用人の舞踏会の夜だけは、主人も使用人も身分を忘れてダウントン・アビーを楽しむ。

場合がある。ハンブルドン子爵夫人は嫁いでグリーンランズ（夫の邸宅）に来ると、家政婦にちょっとした邪魔をされたり恥をかかされたりしたと書いている。あるときなど、大切な宿泊客に高級なリネンのシーツではなくコットンのシーツを出されたという。その家政婦がすぐに辞めて幸いだった。

　終戦後、カーソンの場合と同じように、ヒューズにとっていちばんの悩みは使用人の数を維持することと新しい使用人を見つけることだった。全体として若い世代の女性は、軍需工場や、農業、事務といった戦時の雇用で、仲間意識とある程度の自由を経験したので、せっかく見つけた自由を手放したがらない。また、使用人の仕事は屈辱的だという考えが広まりつつあった。気乗りしないままアーガイルシャーの大邸宅で第三メイドとして働くことになったメイドが、こう語っている。「これからキャップとエプロンという奉仕の象徴を身につけるのかと思うと、ぞっとする」1919年の《レディ》誌（当時、求人広告が掲載された週刊誌）には"使用人になりたくない理由"というタイトルの記事が掲載され、理由がいくつかあげられていた。"①社会的地位を失う。②行動の自由を失う——自立がさまたげられる。③実働時間ではないとしても、勤務時間が長い。④退屈で、仕事がきつく、ものすごく単調"と。

ヒューズ　このままでは、まともに仕事ができないわ。使用人を増やしたくても、だんな様はお許しにならないし、あなたとメアリーお嬢様は状況をわかっていない！

　今のところ、カーソンとヒューズは階下の共同統治者としてダウントン・アビーで働くことに満足している。ここでは使用人から尊敬され、ある程度のくつろぎもある。体調がすぐれないヒューズは将来に不安を感じるが、周囲には頼れる人たちがいる。カーソンは古い世界の秩序が戻ってくればいいと思っているが、その望みは薄そうだ。ヨーロッパの君主が次々地位を失うのを見ているうち、カーソンは自分の暮らしと住みかが奪われ、愛すべき仲間も解雇の憂き目にあうかもしれないと予測する。自分の世界を守るために、カーソンは仕事に精を出す。ふさわしいワインを選んでデキャンターに移しかえること、従者をしつけること、銀製品をピカピカに磨きあげることだ。

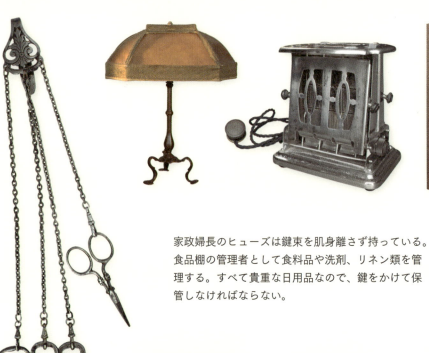

家政婦長のヒューズは鍵束を肌身離さず持っている。食品棚の管理者として食料品や洗剤、リネン類を管理する。すべて貴重な日用品なので、鍵をかけて保管しなければならない。

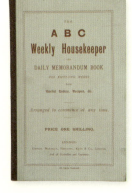

執事のカーソンは、王室と変化する時代において王室が与える安定感に、しかるべき敬意を払っている。「戦前の王が戦後も王位についているということは、国民にとって安心感のもとでした」とジュリアン・フェローズは言う。

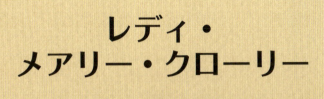

TRUMPET VOLUNTARY (Op.6 No.5) by John Stanley

FIRST HYMN:

O perfect Love, all human thought transcending,
Lowly we kneel in prayer before Thy throne,
That theirs may be the love which knows no ending,
Whom Thou forevermore dost join in one.

O perfect Life, be Thou their full assurance,
Of tender charity and steadfast faith,
Of patient hope and quiet, brave endurance,
With childlike trust that fears nor pain nor death.

Grant them the joy which brightens earthly sorrow;
Grant them the peace which calms all earthly strife,
And to life's day the glorious unknown morrow
That dawns upon eternal love and life

THE MARRIAGE SERVICE
(The Congregation standing)

メアリーが選んだ２曲の賛美歌は、上流社会の結婚式でよく使われた。今でもよく使われ、チャールズ・ウェスレー作詞、ウィリアム・ペンフロ・ローランズ作曲の「天なる喜び」はウィリアム王子とキャサリン妃の結婚式でも歌われた。

SECOND HYMN

Love Divine, all loves excelling,
Joy of heaven, to earth come down,
Fix in us thy humble dwelling,
All thy faithful mercies crown.
Jesus, thou art all compassion,
Pure unbounded love thou art;
Visit us with thy salvation,
Enter every trembling heart.

Come, almighty to deliver,
Let us all thy grace receive;
Suddenly return, and never,
Never more thy temples leave.
Thee we would be always blessing,
Serve thee as thy hosts above,
Pray, and praise thee, without ceasing,
Glory in thy perfect love.

Finish then thy new creation
Pure and spotless let us be;
Let us see thy great salvation,
Perfectly restored in thee,
Changed from glory into glory,
Till in heaven we take our place,
Till we cast our crowns before thee,
Lost in wonder, love, and praise!

PRAYERS
During the signing of the register the organist will play from:
Beethoven's "PASTORAL" SYMPHONY

マーサ　世のなかは変わったわ。こういう邸(やしき)は古い時代の遺物よ。苦労して維持する価値がある？
メアリー　もちろんよ。

　すべての登場人物のなかで、3シーズンをとおしてもっとも変わったのは、メアリーだ。初めのころ、伯爵家の長女メアリーは、かたくなで、冷淡で野心的に見えた。女性に生まれたことに絶望していて、自分にも男性の相続人に負けないくらいりっぱに務めをはたせると証明したがっていた。とはいえ、考えかたは伝統的で、アメリカ生まれの母よりも、むしろ祖母である先代伯爵夫人に似て、ふさわしい結婚によって自分の権力と富を確立しようとしていた。しかし、一夜の恋の相手ケマル・パムークがベッドのなかで死亡するという、身の破滅になりかねないスキャンダルに巻きこまれ、正直で善良な人々でも過ちをおかすのだと、身をもって知る。口がかたく思いやり深いメイドのアンナのおかげで、メアリーは名誉を守ると同時に、もっとも純粋な形の忠誠心を知った。メアリーは愛する父、祖母、マシューにみずからの過ちを告白し、自分の過ちを知る人がいるということを自覚しながら生きていくことになった。他人から同情され、許される立場を経験するのだ。以前なら、望みもせず、必要ともしなかったことだ。しかし、結局は、このスキャンダルはメアリーにとって救いになった。そのおかげで、かたくなさが消え、いつわりのない真実の愛に目覚めたからだ。
　マシューに好意を持ちはじめたとき、メアリーは驚く。自分がマシューと結婚すればみんなにとって好都合だとわかってはいたが、貴族の生まれではない男性を愛せるとは思わなかったのだ。生活のために仕事をする男性は、メアリーの好みではない。しかし、マシューのやさしさ、ストレートな愛情がメアリーの気持ちを変えた。それに、マシューはハンサムで魅力的だ。
　それでも、権力と富を持つ上流社会の男性と結婚する夢も、捨てがたい。一時期、コーラが妊娠したためにマシューが相続人にならない可能性が浮上したとき、メアリーの気持ちは揺れた。だからといって、メアリーをあまり非難すべきではない。愛だけでは幸せな結婚はできない。共通の家庭環境や

将来の目的も、同じくらい重要だ。メアリーは財産目当ての縁組がうまくいった例を聞かされて育った。両親がその実例だ。メアリーは一生、感情に左右されることはないだろう。自分や家族が必要とするものを得ることに比べれば、自分の評判などどうでもいいことだ。こんな気の迷いを見せたために、すぐにメアリーは報いを受けた。マシューはメアリーの心の揺れを感じとり、婚約破棄を申し入れる。次にメアリーがマシューに再会したときには、マシューはすでにラビニア・スワイヤーを愛していた。

　最愛の人マシューに傷つけられたり、受け入れられたりすることで、メアリーはいっそう円くなった。「マシューを失うかもしれないと考えることが、メアリーに大きな影響を与えたのよ」メアリー役のミシェル・ドッカリーが言う。「結局、そのことでメアリーは人間的に成長したの」いまや、メアリーは鋼のような強い意志と思いやりを兼ねそなえている。要するに、人間（自分も含めて）の過ちに寛容になった。待望の結婚式を目前にひかえ、メアリーは付き添い人のドレスや式次第などのプランで忙しい。これ以上の幸せがあるだろうか？　しかし、我が強くて頑固なメアリーと、道徳的なマシューのことだ。ひと波乱あるのはまちがいない。

　すでにメアリーは、ケマル・パムークの死によって突き落とされた淵からはいあがった。しかし、その淵の深さを、21世紀の基準で判断すべきではない。100年前には、未婚の女性が恋人を作るのは、道を踏みはずしたとは言わないまでも、不道徳だとみなされ、生まれながらの女性らしさと母性をはずかしめる行ないだった。マリー・ストープスは、論争を巻き起こした1918年の著書『結婚愛』で、家族計画を推進するとともに、結婚における健全な性生活をすすめている。そのなかで、こう書いている。「性交渉によって女性がおとしめられるとか"汚される"という考えが、一部の階層にいまだに根強く残っている……女子教育と社会感情は、性生活はいやしくて、肉体的な、品位を下げる行為で、純粋な女性が楽しむものではないという考えをすすめようとしてきた」

　そういうわけで、次女のイーディスは姉のいやしむべき秘密を知って喜んだ——これが世間に知られれば、姉の社交界での地位は確実におびやかされる、と。戦後になって、姉妹の仲は以前ほど険悪ではなくなったが、心から打ち解けることもないだろう。ふたりはあまりに違いすぎる。「メアリーは我が強すぎて、なにごとも自分の思いどおりにならないと気がすみません」と、ジュリアン・フェローズ。「そういう部分があるために、メアリーは同情されません。世間に同情される立場ではないのです」

　メアリーは末の妹シビルをかばう。政治的には同意しないだろうが、自分

もシビルも本質的に同じこと——幸せになること——を求めていて、方法が違うだけだと考えている。また、シビルがうまくいく見込みのない選択をしたのではないかと心配している。「シビルが運転手のブランソンと駆け落ちしたことを知ったとき、メアリーの態度はとても姉らしかったわ」と、ドッカリー。「ほかのだれかが理性ではなく情熱のおもむくままに幸せになるのを、いさめたい気持ちもあったでしょうけど。もちろん、メアリーも最初からマシューとそうすべきだったのよ」

メアリーはいろんな点で考えかたが古く、伝統を重んじる父と祖母に似ていて（ドッカリーは「ある意味で、メアリーはロバートにとって息子なの」と言っている）、多くの同世代とは違う見かたで父と祖母の世界観を理解している。このことで、ときどき母に対して否定的になる。メアリーには自分がアメリカ人との間に生まれたという意識はなく、完全な英国人だと思っている。一度ならず、母コーラにも口に出してそう言っているが、気がとがめる様子もない。この母娘（おやこ）についてドッカリーは言う。「メアリーは母に対してちょっと優越感を持っているようにふるまうわ。十代の強靭さをけっして薄れることのないまま持っているの」母になんらかの感謝の念を持っているとすれば、それは持参金で邸を窮地から救ってくれたことについてだろう。

メアリー　お母様の持参金で由緒ある家を維持できた。有意義な使いかたでしょう？
マーサ　そうね、お金は使うべきものね。

　メアリーは男性と気が合う。父、マシュー、カーソン。おそらく、これはメアリーが自分は男に生まれるべきだったと感じていることと関係がある。ならばできるだけ男のようになればいいと思っているのだ。メアリーのすばらしい長所は、1920年代には男まさりだと思われただろう。メアリーは野心家で、勇敢で、乗馬がうまく、生まれながらの指導者だ。いろいろな点で、当時、そのような女性は、能力を押さえつけられていらだっただろう。古い考えかただが、メアリーは、成功者になるには女主人としての役割を通じて権力を得るしかないと思っている。現代的なマシューとは対照的だ。マシューは、1920年代としては画期的な運営でダウントン・アビーを救いそうだ。

カーソン おかしなことになったとしても、お嬢様のせいではない。
ヒューズ あなたがだれのせいにするか、わかってるわ。お相手のかたね。

　子どものころには、メアリーはたびたび階下に行って使用人ホールや厨房の格式ばらない雰囲気を楽しんだだろう。メアリーが生まれたときから、カーソンは執事としてダウントン・アビーにいて、カーソンがメアリーを好きなのと同じように、メアリーもカーソンが好きだ。「メアリーにとって、もうひとりの父なの」と、ドッカリー。「悩みごとがあると、メアリーは必ずカーソンのところに行くわ。カーソンの前では素直に弱みをさらけだせるの」これは当時としてはめずらしいことではない。上流階級の子女はほとんど使用人や乳母に育てられ、両親の顔を見るのは、夕方６時に子ども部屋から降りてくるときだけということも多かった。コーラはたいていの英国人の母親よりも、子どもとかかわっただろう。それでも、メアリーには使用人と友情をはぐくむ時間がたっぷりあったはずだ。アンナはメアリーが素直になれる二人目の人物だ。「閉じられた扉の奥で、ふたりはたがいに素直になれる。涙も見せあうし、よい知らせも分けあえるの」と、ドッカリー。「わかりあっているから、異変にもすぐに気づく。今の時代なら、ふたりはいい友だちで、コーヒーを飲みながら、夫たちの話をするんじゃないかしら」
　人間関係は大切なことだが、メアリーはみだしなみにも時間をかける。流行も気にかけるが、メアリーの興味はそれだけではない。当時のある貴族の夫人がこう書いている。「女性は一日じゅう着替えをしてばかりだ。これでは、銃や猟犬、鳥に夢中になっている英国人紳士を夫に持つ上品な夫人というよりも、高官のご機嫌とりをするトルコの女奴隷みたいだ」戦後、服装はたしかにシンプルになった――着替えの回数は減り、衣服や下着は装飾が少なくなって着替えやすくなった。それでも、衣装部門の担当者とプロデューサーのリズ・トゥルブリッジにとっては、まだ考えるべきことがあった。「このシーズンでは、ものごとが変化していきます。それが新しい衣装やヘアスタイル、新発明品に反映されるの。いちばん目立つ変化は、貴婦人の髪型のマルセルウェーブとゆったりした衣服でしょうね」
　スカート丈も短くなっていく。数年で、床上数センチの長さから膝上の長

メアリーには女性らしさだけではなく、当時は男性的だと思われたであろう部分があった。大胆なところもあり、それが自分が望む力を手に入れるのに役立つ。

さに変わった（1920年ごろにはふくらはぎの長さだった）。「スカート丈に関しては、ジョークにことかきません」と、ウエストミンスター公爵夫人。ボーイッシュなスタイルも流行し、ドレスのラインはウエストを強調せず、胸はコルセットでしめつけてできるかぎりたいらにした。ココ・シャネルは輝かしいキャリアをスタートさせたばかりで、1919年の終わりに"シュミーズ・ドレス"でセンセーションを巻き起こす。《ヴォーグ》誌は"ストンとしたやわらかいひだで体を包むドレスで、両側に小さなドレープができる"と表現した。大胆なシンプルさと、女性らしさに新しい定義を与えたという点がすぐれていて、人工的に強調された曲線がもてはやされた戦前とはまったく違う。

ロバート　その服でどこに？
メアリー　旅行よ。どうかしら？
ロバート　高そうだ。
メアリー　国の債務の2倍くらいかしら。でも、お父様はお困りにならないでしょう？

　メアリーが新しいファッション週刊誌《イヴ》から刺激を受けたのはあきらかだ。メアリーはヴィオネをひいきにしてセンスがあるところを見せた。ヴィオネはパリのリボリ通り222番にある店で、戦後ふたたび開店した。美しいドレスを愛する人たちのメッカで、当時シャネルのライバルと言えば実質的にヴィオネだけだった。ホルターネック、流れるようなライン、布を巻きつけたスタイルのウエスト、装飾的なネックライン、細部の装飾などで、いつまでも色あせない、しかしとても現代的な優雅さをかもしだした。ヴィオネはバイアスカットを発明しなかったとしても、カットの用途と可能性に革命を起こし、動いているときでも体にぴったり沿うドレスを作りだしただろう。ヴィオネのドレスは着る者に自由な上品さという、すばらしい新感覚を与えた。シーズン3でメアリーが着ている赤いノースリーブのイブニングドレスは、ヴィオネの作品を再現したものだ。
　キャロライン・マッコールはこの時代背景をもとにして、メアリーの衣装を作った。「メアリーを大人っぽくスタイリッシュに見せたかったの」と、マッコール。「メアリーは成長したわ。結婚をひかえた未来の伯爵夫人だも

の」白くてなめらかな肌のドッカリーには、紺やワイン色のような濃い色がよく似あう。メアリーの性格にもぴったりだ。「でも、メアリーをちょっとやさしい雰囲気にしたかったの。実際、メアリーは円くなっているもの」3人娘にはそれぞれに色が割り当てられている（イーディスの色は琥珀色、黄土色、緑、薄いピンク、シビルの色は薄紫と青）。わかりやすいだけでなく、3人が集まったときのバランスも考えられている。好きなファッションも3人それぞれだ。メアリーは上流社会の女性向きのデザイナーを好む。シビルはメアリーよりも自由奔放で政治に関心がある。イーディスのファッションには、実際的な性格が表われている。いろいろな意味で、着ているものは3人そのものなのだ。

コスチューム・スーパーバイザーのダルシー・スコットは、アイデアを求めてファッション誌以外のものも見たと話す。「3姉妹のために、当時の絵画をたくさん見て、フィリップ・ド・ラースローの肖像画から大いに影響を受けました」「ファッションに対する関心が高まりつつある時代で、雑誌の数が増えたの。雑誌の影響力が強くなって、読者も増えました」と、マッコール。「それにスタイルがシンプルになるにつれ、素材や、装飾、縫製の質が重要になったの」

衣装部門はそのまま使うにしろ、直して使うにしろ、できるかぎりストック品を使おうとする。「でも、この時代のストック品はあまりなかったの」マッコールが説明する。「この時代の衣服は長持ちしなかった——ビーズをつけたシフォンは時がたつと重みでバラバラになりがちだし、良質で高価な素材だったから、作りなおして使われることも多かった。それに、新しそうに見せる必要もあったわ。着た人がはなやかに見えなくてはならないから」

だれもが息をひそめて待ちわびるコスチュームといえば、ウェディングドレスだ。マッコールが苦労話を聞かせてくれた。「当時のウェディングドレスのポイントがサテンとレースだということは、調査でわかっていたの。デザインには、わたしの好きなトレーンのあるタバード［訳注：布の中央にあけた穴から頭をとおして着用する上着。袖や襟はなく、両脇があいている］を取り入れたわ。ずっとこの光沢のあるレースの効果を思い描いていたの——メアリーを輝かせたくて。今まで見たことがないようなものにしたかった」ドレスには、スワロフスキー社提供のクリスタルが手縫いでつけられた。結婚式で使われたティアラはロンドンのピカデリーにある宝飾店ベントレー＆スキナーから借りた1830年代の逸品だ。元々は頭の高い位置につけるためにフレームがあったが、マッコールはフレームに手を加え、1920年代に流行した頭の低い位置につけるスタイルにした。12万5000ポンドもする高価な

品なので、撮影期間中、このティアラのために専任の警備員が雇われた。

　ヘアスタイルにも、ドレスの新しい自由な感覚が反映された。髪はどんどん短くなっていった。工場や農場で働く女性が実用性を考えて長い髪を切ったことがこの流行のきっかけだった。しかし、道を開いたのは、またもシャネルだ。シャネルは「うっとうしいから」と髪を切り、そのスタイリッシュな"ボブ"はファッションのお手本になった。"シングル・ボブ"（襟足を"V字"にカットしたグラデーション・ボブ）と"イートン・クロップ"（男子学生のような、なでつけた短髪）も人気があった。

　この大胆な新時代に、化粧がますます普及した。とはいえ、ある貴婦人がこう回想している。「化粧はとても"みっともない"ものだと思われました」アメリカ人のレディ・ビンガムがイミテーションのチェリーで飾りたてた帽子と、おそろいのチェリー色の口紅をつけてランチに現われたとき、周囲は眉をひそめた。「せめてもう少し目立たない色ならねえ」それにもかかわらず、女優か娼婦以外の女性が薄い色のパウダーをきれいにはたき口紅を使うことが認められるようになった。これ自体が大進歩だ。

　パーマは"かなり斬新な方法で、歯医者に行くのと同じぐらい苦痛"だった。一時的なウェーブを作るために強いられる苦痛も、同じくらいひどい——マルセルウェーブのヘアアイロンは耐えがたいくらい熱くなり、髪を焦がすこともしばしばだった。温度調節が難しかったのだ。かといって、アイロンが冷たいうちに使っても、うまくカールできない。

　メアリーは妹たちよりも頻繁にロンドンに行き、セント・ジェイムス・スクエアにある父の館ではなく、おばのレディ・ロザムンド・ペインズウィックのところに泊まる。こうした旅行はファッションの世界を楽しむ時間でもあっただろう。実際、ロンドンはメアリーお気に入りのショッピングスポットだ。しかし、ロンドンには、ほかの楽しみもあった。週刊新聞の《イラストレイテド・ロンドン・ニュース》が伝えたところによると、1920年に催された王立美術院（ロイヤルアカデミー）の夏の展覧会では、ハイライトとしてファッショナブルな女性の4枚の肖像画が展示された。知り合いがモデルだったとすると、メアリーもこの展覧会に足を運んだかもしれない。美術展を見にいくことは社交界にデビューした娘にふさわしい活動だとみなされた。とくに、流行画家チャールズ・シムズの『……そして妖精たちがドレスを持って逃げる（*…And The Fairies Ran Away With Their Clothes*）』のような幻想的な作品は、若い娘にふさわしいとされた。しかし、その年に展示されたのは、ジョン・シンガー・サージェントの"毒ガスで目をやられた兵士の列が戦場を手探りで進む恐ろしい光景が目に焼きついて離れない"『毒ガスをあびて』だった。当時

の人々にとって、戦争と戦争がもたらす恐怖はけっして過去のものではなく、世のなかには華々しいことを自粛する雰囲気があった。

　生き残った英雄は敬意を集めた。T・E・ロレンス（アラビアのロレンスとして有名）は、1919年に戦時中の英雄的偉業がたたえられた。その年、メアリーは彼についての映画『パレスチナのアレンビー将軍と聖なるアラビアの解放（With Allenby in Palestine and the Liberation of Holy Arabia）』の上映会を、ロンドンのロイヤル・オペラ・ハウスに見にいったかもしれない。この上映会には、ロイド・ジョージ首相と、内閣のメンバー、選ばれた貴族しか出席していない。新聞編集者は前例のない戦略を取り、一面で宣伝せずに（一面に記事を載せなかった）、代わりにアルバート・ホールで興行が始まると、レビューを掲載する。何百人という人がチケットを買うため折りたたみのスツールを持ってきて、チケット売り場前に一日じゅう列をつくった。国王ジョージ５世はバルモラル城で上映したいと言った。メアリー王妃と夏にそこに滞在していたのだ。戦地から戻った英雄は周囲から気遣われたが、メアリーがだれのことよりも気遣ったのは、マシューだ。メアリーは前線にいたときのマシューの恐怖を感じ、うろたえた。妹たちほど直接的には戦争にかかわらなかったメアリーだが、けっして戦争の恐怖から逃れられなかった。

コーラ　変化を受け入れることは、過去を守るのと同じくらい大切よ。
メアリー　でもダウントン・アビーのような邸の役割は、伝統を守ることよ。だから、邸を維持しなくてはならないの。

「若いころのメアリーは、ほんとに傲慢だったわ。でも、ケマル・パムークの一件で、動揺して傷つきやすくなったの。その傷つきやすさがメアリーを解放し、以前よりも自分の感情に素直にさせた」と、ドッカリー。「でも、例の現実的な面がまだ残っていて、シーズン３ではそれが戻ってくるわ」人生のある問題は解決したが、また別の問題は未解決だ。しかし、メアリーには強さがある。家族の幸せのために、どんな犠牲を払ってでも戦うはずだ。

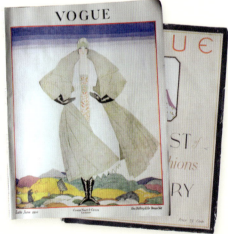

1920年代、《ヴォーグ》誌は、ファッションに興味のある、メアリーのような若い女性にとって必読の雑誌になった。19世紀末にアメリカで創刊され、1916年に英国版、1920年にフランス版が創刊された。各国版で、フランスの高級服飾店が特集された。マダム・ヴィオネやココ・シャネルなどのすばらしいデザイナーの衣装によって、ファッション業界が変わりつつある時代だった。

伯爵家に伝わるティアラは、1830年に作られて以来、代々の花嫁を飾ってきたことだろう。この葉と小花のデザインのティアラは、オールド・カットのダイアモンドがパヴェセッティングされている。さまざまなシーンで使えるように、ふたつに分けてブローチとしても使えるようになっている。

トーマス・バロー

グランサム伯爵付従者

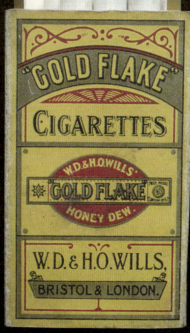

19世紀の終わりにタバコ巻き機が発明されると、安価なタバコの時代が到来した。タバコは、パイプと違って、労働者階級の楽しみになり、トーマスのように休憩のときにタバコを吸う者もいた。終戦直後には、消費量が激増し、1920年までには英国で3600万本以上のタバコが製造され、ウィルズ家のような製造会社が大もうけした。

トーマス　人と違うというだけで、しいたげられてきた。

　トーマス・バローはダウントン・アビーで、もっとも複雑でもっとも興味をそそるキャラクターだ。戦前、戦中を通じて、うわべの層が次々にはがれ、傲慢でハンサムなキャラクターは、見せかけにすぎないということがわかる。その内には、不安定で、ねたみ深く、ときに妄想がひどく、言い訳がましい臆病な男がいる。彼の複雑な面はこれだけではない。ふと無防備になった瞬間に、トーマスは傷つきやすい一面を見せる。そういう瞬間がなければ、そんな面は見逃されてしまうだろう。

　第一次世界大戦が終わっても、意外にもトーマスはダウントン・アビーで働いている。いつも文句を言っているわりには、使用人の職を辞められないらしい。どうやらトーマスは外の世界には向いていないようだ。商売を始めようとするが、すぐに失敗し、グランサム伯爵に改心したと思いこませ、ベイツのいないあいだに従者に昇格した。

　もはや執事の食器室(バトラーズ・パントリー)にしばりつけられ、カーソンに厳しく監視されることもない。料理人、侍女、執事、家政婦長などの選ばれた上級使用人の仲間入りをはたしたのだ。下僕のときのようにりっぱなお仕着せを着ることはもうないが、トーマスは相変わらず虚栄心が強い。トーマスのスーツは、ベイツが従者だったときに着ていたスーツよりも現代的だ。「ズボンはシングルプリーツで、ジャケットは３つボタン。ベイツは４つボタンのジャケットを着ていたわ」と、キャロライン・マッコール。「ジャケットとズボンはウエストにくびれがあります。襟はもっと現代風で、ベイツがラウンドカラーのシャツを着ていたのに対して、トーマスはワイドカラーのシャツを着るわ。片手に良質の手袋をはめているのは、手の傷を隠すためよ」

　下僕のお仕着せのほうがよく似あっていた、普通のスーツでは魅力半減だ——という声もあるかもしれないが、トーマスは昇進できたことを誇らしく思っている。トーマスもモールズリーも、ずっと従者の座を狙っていた。伯爵の身のまわりの世話をする従者になったことで、トーマスは自分にとって役に立つ情報や、以前からの仲間である侍女のオブライエンが興味を示しそ

うな情報を以前よりも手に入れやすくなった。

　しかし、戦後になると、オブライエンはトーマスより、下僕としてダウントン・アビーに来た甥のアルフレッドの味方をするようになる。この新人の登場は、トーマスの昇進の喜びに水を差した。みんながアルフレッドに好感を持っているらしいとわかると、トーマスはアルフレッドの昇進の邪魔をしようとする。トーマスにとって最大の問題は、アルフレッドにはオブライエンがついていることだ。オブライエンはトーマスに復讐する方法をだれよりもよくわかっているし、必要とあらば、平然とそれを実行する。

　そこで、トーマスはふたたび疎外感を覚える。トーマス役のロブ・ジェームス＝コリアーは、トーマスが世間に対して腹を立てるのは、この疎外感が原因だろうと考えている。「だれかを受け入れては、トーマスは傷つく。それが怒りをたきつける。そして思う。"ひとりでやっていこう"って」

ロバート　ほかの者とうまくいっていないのか？
トーマス　そうではありません。ふざけただけでしょう。

　あるとき、トーマスはカーソンがダイニングテーブルに並べた大小のスプーンの用途をアルフレッドに説明しているのを見て、嫉妬する。「わたしには教えてくれなかった」と文句を言うトーマスに、カーソンは「きみはたずねなかった」と返す。しかし、ジェームス＝コリアーが言うように、第二下僕だったときでも、トーマスは遠慮してたずねなかっただろう。「トーマスは、自分は世間ののけ者だと感じている。たずねてなんになる？　そこが彼の不安定な一面なんだ。拒否されたくないんだ」

　トーマスが自分を異端だと感じるのは、同性愛者——当時の医者なら性的倒錯者と言っただろう——であることがおもな理由だ。これはトーマスの性格を決定づける要素ではないが、重要な要素である。20世紀の初めには、トーマスはそのことを隠すしかなかっただろう。当時のたいていの男性が内面の問題に関して寡黙だったが、まったく自分らしくふるまえないトーマスは、とくにストレスを感じていたはずだ。ダウントン・アビーで働くことの魅力のひとつは、ここでは自分と自分の性的嗜好が黙認されていることだろう——だれもあからさまには言わないが、トーマスの好みは周知の事実だと思わ

せる場面が随所にある。

　20世紀の初めごろ、同性愛は容認されないだけではなく、刑罰の対象でもあった。当時、同性愛者が投獄されたことが知られている。オスカー・ワイルドの有名なスキャンダル（1895年に懲役2年の判決を受け、レディング監獄で強制労働をした）は、いつまでも忘れられず、少なくとも40年間、世間で噂された。戦時中には、前線における同性愛が大いに懸念された。極限状態で、おおぜいの男性が狭いところに押しこまれるからだ。『軍法教範』の手引書によると、戦時中に、270人の兵士と20人の士官が軍法会議で"ほかの同性とみだらな行為があった"として有罪となった。かかわった男性に対してほとんど理解が示されなかった。国王ジョージ5世は軍で同性愛がはびこっていると聞き、まだそのような者がいるのかと言ったという。

　国内では、心配性な人々や、ジャーナリストでもあるノエル・ペンバートン・ビリング議員のまったく根拠のない記事によって、ますます同性愛に対する懸念が高まった。ビリングは、ドイツの諜報部員が4万7000人の英国の上流階級の性的倒錯者——そのなかには、内閣の大臣や貴族もいた——を脅して"良識ある人がソドムやレズビアンの島とともに消滅したと思っている悪"に誘い込んだと述べている。同性愛はたんなる犯罪や信仰上の罪悪ではなく、国家の安全に対する脅威だったようだ。

　周囲の者はのんきに一時の恋を楽しんだり、勤めを辞めて家庭を持ち新生活をスタートさせる計画を立てたりするが、トーマスにはそんなことはできない。孤独がほんの少しだけトーマスの弱い面を見せる——好意を感じていた盲目の軍人が自殺したあとに、打ちひしがれてむせび泣くときなどだ。しかし、トーマスは無情な人物であり、たいていは自分を守ることばかり考えている。他人が近づこうとすると、トーマスはそのときにはとっくに防壁を作っている。

　偏見の目で見られているという気持ちが、トーマスの性格のマイナス面を生んだのだろうか？　だが周囲の者がトーマスを扱いにくいと感じるのは、トーマスの性的嗜好のせいではなく、トーマスがひねくれているからだ。容赦なく他人をからかい、下位の者には意地悪で、考えの合わない相手を無視するような人物とは、つきあいづらい。トーマスはゆがんだ階級意識を持っているので、ブランソンがシビルの夫として邸に戻ってきたときには、着替えの手伝いを拒否した。トーマスがほんとうに勇敢かどうかも、疑わしい。陸軍医療部隊に志願したとき、トーマスは前線で極度の恐怖に直面することを理解していなかった。前線でマシューに再会してダウントン・アビーのことを思い出したあと、トーマスは自分のすぐそばにいた相棒の担架兵が撃た

れるのを目撃して震えあがった。そして、なんとしても送還されたいと思う。どんな手を使ってでも。

　トーマスは"ブライティ"（命に別状はないが、本国送還の対象になる負傷）により、自ら傷つけた片手とともに英国に戻る。卑怯な手を使ったのに、トーマスはまるで負傷した英雄のようにふるまう。新しい地位を楽しみ、ダウントン・アビーでいばりちらす。しばらくのあいだトーマスは使用人ではなく、療養施設の責任者たる軍曹代理として登場する。しかし、終戦とともに、トーマスの特権も消える。

トーマス　いいか、覚えておけ。こんなところでシャツを広げるな。汚れたらどうする？　ボタンつけも、ここでやるな。着替え部屋でやれ。
アルフレッド　すみません。

　ハンサムで、うぬぼれが強く、野心家のトーマスは「自分で思っているほど賢くない」と、ジュリアン・フェローズは言う。ときどき、自信過剰のせいで（人間性を疑いたくなることが多い）計画が失敗する。脅迫するためにとっておいた手紙をクロウバラ公爵に燃やされてしまったり、闇市に全財産をつぎこんで食べられなくて売り物にならないものをつかまされたりしたことがある。カーソンはトーマスに邸に戻ってきてほしくなかったかもしれない。しかし、仕事のできる男を拒否できない。実際、トーマスはりっぱに務めをはたせる。プライドと虚栄心が強すぎるのは問題だが、そのおかげでトーマスは下僕として有能だし、仕事も正確だ。そして、今、トーマスは新しいことに挑戦しようとしている。

　グランサム伯爵付従者という新たな地位は、すべての下僕がめざすものだ。使用人として働きはじめたときからずっとそこをめざして訓練される。シーズン1でベイツが伯爵の従者になったために、モールズリーはトーマスと同じく昇進のチャンスを逃し、いまだにこの役目に縁がない。しかし、宿泊客の従者をすることで、実地訓練の場が与えられる。大がかりなホームパーティをしていた時代には、これは苦労の多い訓練だった。ヨークシャーのように狩りがさかんな土地では、また別の苦労がある。仕事ができるだけでなく、我慢強さが必要だ。ハンターは一日じゅう猟犬を追いかけて走りまわり、い

っせいに邸に戻ってくる。疲れきったハンターはみな、すぐに入浴したがる。グロスターシャー州のバドミントン・ハウスのある下僕がこう回想した。「みなさま遠慮なく話されますので、成果がなかった日は、わたしに八つ当たりすることも。でも、こちらはそんなこと気にしません。この仕事を始めてすぐに、イライラするのは厳禁だと学びましたから」

　それでも、従者の役目には魅力的な特権がある。長期にわたって、少しずつ、主人から高価な"おさがり"の衣類を集めることができる。おさがりの譲渡はどちらかというと間接的に行なわれた。主人はシャツや靴下などを、もう使わないから捨ててくれと言って従者に渡す。これは一種の暗号だ。クリヴデン館の執事は、新品にしか見えない絹のネクタイを両手にあまるほど手渡されて当惑している下僕に説明した。「高貴な生まれの紳士は、こういう方法で古くなったものをきみにゆずるんだ」渡されたものを捨てるのではなく、自分のために使えばよいのだ。

　信頼される立場にいることは、ルールを曲げようとする者たちにとっては好都合だ。"遠回し"におさがりを与える紳士が多かったが、従者のほうでも同じように"遠回し"にもらった。ある従者はこう語った。「滞在の最後の日に"たまたま"荷造りし忘れたものがあって、シャツや、ベスト、下着や靴下を相当いただきました」もらうというより"借りる"アイテムもあった。紳士が一日に2回着替えて入浴する場合には、従者は主人が脱いだ衣服を2、3日、借用してから洗濯室に持っていった。紋章やイニシャルが縫いつけられたものを着るときには注意が必要だ。ある下僕は宿泊客の靴下をはいているのを見つかってクビになった。

　従者の一日は、下僕の一日と比べると、それほどたいへんではない。少なくとも、一日に裏階段をのぼりおりする回数からすると。おもな役割は、邸にいるときだろうと、ロンドンに行くときだろうと、グランサム伯爵がいつもきちんとした身なりができるよう取り計らうことだ。伯爵が遠出するときには、トーマスも同行するが、どこに行こうと、仕事の基本は変わらない。伯爵の一日はトーマスがお茶をのせたトレイを持ってくるところから始まる。そのあと、トーマスは伯爵の衣服にブラシをかけ、衣服を並べる。それから、着替え部屋、寝室を整える。メイドに暖炉の火をつけさせ、部屋を掃除させたら、洗濯やつくろいものが必要な衣類を片づける。女性たちと違って、グランサム伯爵はディナーまで着替えない。そのときは、トーマスが手伝う。日中、トーマスはいつでも手伝えるように伯爵のそばにひかえていなくてはならない。伯爵が散歩に行くときには、帽子や、コート、手袋、ブーツ、杖が必要になるからだ。遠出のためにしかるべき衣類を荷造りするのも、トー

マスの仕事だ。つくろいものや、しみ抜きも従者が担当する。

　しかし、時代とともに、従者はたんなるブラシ係やトレイ係ではなくなる。アーネスト・キングが回想録『緑の羅紗張りの扉（*The Green Baize Door*）』で、よい従者は"なんでもできて、なにひとつ忘れない"ので頼りにされると述べている。旅行に持っていくものを指示される必要はないだろう。ちゃんと"心得ている"からだ。"葬儀には葬儀にふさわしく、仮装舞踏会には仮装舞踏会にふさわしく、主人に身支度させることができる。けっして居眠りをしているところを見つかったりせず、なんでも用意できなければならない。緊急時には靴を鏡にできるくらいピカピカに磨く必要もある！"

　トーマスをリアルに演じるために、ジェームス＝コリアーは最初、動きすぎないように気をつけた。「いつものぼくは、話すときに手振りが多い。でも、あの時代はすべてが今よりひかえめだった。歩き方も変えたんだ。シーズン１に、書斎に入っていくシーンがある。今振り返ってみると、あれはまちがっていた。動きが多すぎて。完璧な下僕は、競走馬のようなものだ。業務をこなすために、長年、調教されている。ほとんどバレエさ。なにをするにも、すばやく動きながらも慎重でなきゃいけない」

　軍曹代理として邸にとどまっていたときには、トーマスは使用人から離れ、療養中の将校の看護をするシビルのそばで働いていた。そのため階下と階上の区別があいまいになったかもしれない。しかし、トーマスには世界秩序を作りなおす気はなさそうだ。今の秩序のなかで自分の地位を上げることにしか興味がない。病後療養中の将校のために働いた同志として、トーマスはシビルを尊敬している。だが、シビルが運転手と駆け落ちした気持ちを理解できない。トーマスは世界秩序を作りなおすのではなく、自分自身の領域の主になろうとしている――たとえ、それがグランサム伯爵の着替え部屋と使用人ホールだけだとしても。

シャツの襟は場合に応じて使い分けられた。大まかに言うと、エドワード朝時代以降、襟は前より低くやわらかくなって、つけ心地がよくなった。それでも、フォーマルな場面では、トーマスはグランサム伯爵のためにウイングカラー（別名チップト・インペリアル、またはグラッドストーン）を用意した。

マーサ・レヴィンソン

グランサム伯爵夫人の母

JACKSON & CO'S

BAGGAGE EXPRESS.

CHECK

24/7

RESERVED SEATS, 3 - & 2

OFFICE GRAND CENTRAL DEPOT.

WHITE STAR LINE

NAME Mrs Levinson
BOOKED TO Liverpool, Eng VIA New York
STEAMER Olympic SAILINGS
FULL FOREIGN ADDRESS

FIRST WANTED CLASS

WHITE STAR LINE

NAME MRS LEVINSON   ROOM 109.
BOOKED TO LIVERPOOL   VIA NEW YORK.
STEAMER Olympic   SAILINGS
FULL FOREIGN ADDRESS

WANTED FIRST CLASS

マーサ　ふたりとも、お久しぶりね。世界はずいぶん変わったわね。
カーソン　わたしたちも変わりました。
マーサ　あら、驚いた。英国人も変われるの？

　マーサは裕福だ。伯爵家の富（城、広大な土地、代々伝わる美術品や家具、ロンドンからスコットランドまでの各地にある邸宅、一家の贅沢な暮らしぶり、そして、忘れてはならないあらゆる要求に応えてくれるおおぜいの使用人）もたいしたものだが、アメリカにあるコーラの実家の比ではない。
　第一次世界大戦後のアメリカの富豪は、英国の金持ちとは比較にならないぐらい裕福だ。そして、マーサもそんな大金持ちのひとりだ。恵まれた財政状態を快適に感じ、自信に満ち、お金がもたらす贅沢を楽しんでいる。マーサは大金持ちのオーラを振りまきながら、ダウントン・アビーにやってくる。
　マーサが来ることになり、ダウントン・アビーには不穏な空気が流れた。たとえば、バイオレットは同じ未亡人であるマーサと馬が合わない。ドラマの設定では、夫はユダヤ人だったが、マーサはユダヤ人でなく、子どもたちは米国聖公会教徒として育てられたことになっている。ジュリアン・フェローズは、これは一般的な慣習だと説明する。「マーサの夫は改宗しませんでしたが、子どもたちが暮らしやすいように非ユダヤ系として育てることを認めました。これは、当時よくあることでした」
　じつの娘のコーラでさえ、母の登場を心からは楽しんではいないようだ。マーサに頭が上がらないのではないが、自己主張できているわけでもない。ふたりはたびたび手紙を送りあい、マーサはいつも娘の結婚に満足していたようだ。コーラはレヴィンソン家はすでに一度ダウントン・アビーの窮状を救ったのだから、マーサにはレヴィンソン家の財産を好きに使う権利があると母親の肩を持っている。ロバートが投資に失敗して財産を失ったが、もう一度マーサが救済してくれることは望めないと思っているのだ。

コーラ　すべてにお金を出す必要はないわ。
マーサ　そう？　富豪のアメリカ人は、あてにされているのかと思って。

　メアリーは、そうは思っていない。彼女にとっては、由緒ある英国の所領を救うことは、道義的に意義のあることで、レヴィンソン家の資産の有効な使い道だと信じている。遊び人のおじに相続させるよりよほどいい。おじは相続分をヨットや女遊びに使ってしまうだろう。マーサのよさが表われているのは、イーディスとのシーンだ。マーサは、幸せな結婚をしたいと望むイーディスに理解を示し、一致協力してロバートに襲いかかり、結婚を実現させようとする。もちろん、ロバートは、言いだしたらきかない義母にお手上げだ。それに、ロバートは今もマーサに恩を感じているに違いない。結婚のさいに、コーラに多額の持参金を用意してくれたからだ——しかし、その財産をロバートは失ってしまった。
　シーズン3では、ハリウッドの名優シャーリー・マクレーンがマーサ役で登場した。プロデューサーのリズ・トゥルブリッジによれば、マクレーンは大いに"乗り気だった"という。マクレーンは、マーサがあのような態度をとるのはお金よりむしろ政治の影響だと考える。「民主的なアメリカ人であるということが、マーサの自信の源なの——マーサは公平であることを重要視している。マーサにとって、アメリカ人は公平なもので、伝統は公平じゃないものなの」マーサは民主主義をほかの世界に広めたいという思いにつき動かされ、この任務をはたすべく、だれにでも遠慮なく意見を言う。「彼女は外から戦争を見てきて、戦争は二度とあってはならないと思っている。彼女は知的な立場からそれにアプローチするの」と、マクレーン。「それでも、彼女は貴族制度に感心しているのよ。貴族の態度が変わりつつあることに気づいて、もっと感心しているわ」

マーサ　いとしいメアリー、結婚式のプランを聞かせてちょうだい。わたしがもっとよくしてあげる。

マーサはかつては英国の上流社会に畏敬の念を持っていたかもしれないが（結局は、それが娘をロンドンで社交界入りさせて英国人に嫁がせた理由だった）、戦後の英国にもたらされた変化を歓迎している。もっとも、その変化はダウントン・アビーにはロンドンよりもゆっくりと近づいている。ギャレス・ニームが説明する。「ジュリアンがコーラの役を創作したとき、コーラの家族については、バックストーリー程度にしか考えられていなかった。シーズン3を作るときに、たまにはコーラの母が孫たちに会いにくるだろうという話になり、裕福な新世界と古い世界の秩序がぶつかりあうのはおもしろそうだと思った。ダウントン・アビーではモダンな世界がものごとをゆるがしていて、それに対するキャラクターごとの反応の違いもドラマのおもしろさのひとつだ。マーサはモダンな世界からの侵入の代表例だ」

　マーサの故郷、ロードアイランド州（おしゃれな洗練された州）ニューポートの金持ち社会では、特大のキャデラックに乗って登場するのが流儀だった。そこでは、マーサはたいして金持ちではない。ヘンリー・フォード、ジョン・D・ロックフェラー2世、アンドリュー・メロンなどの富豪、さらには、ヴァンダービルト家（娘のコンスエロはマールバラ公爵に嫁ぎ、公爵領を救った）、アスター家、アンドリュー・カーネギー、J・P・モルガンなどの大富豪の足もとにも及ばない。しかし、マーサや亡夫イジドアぐらいの金持ちであれば、英国のたいていの貴族や富豪より資産が多かった。アメリカと英国の差は大きくなるばかりだ。1920年、アメリカの産業は好調だった。ヨーロッパの競争相手と違って、アメリカは産業や人員を戦争のために使う必要がなかったからだ。戦争が終わると、アメリカはヨーロッパへの輸出を拡大する準備が整っていた。そのころ英国では自動車産業が立ち直ろうとしていたが、アメリカ車がたくさん輸入されていた。そのため、マーサは英国に到着したとき、アメリカ車を手配することができたのだ（とはいえ、車台がアメリカから輸出されただけで、車体は英国製だ）。

　さらに、英国とアメリカにはこんな違いもある。英国では新興富裕層が金の力で支配階級に入りこむと（称号や土地を買うことで、代々受け継がれた地位と階級を持つ一族と同列に並ぼうとした）、旧富裕層（あるいはもはや富裕ではない層）にあざ笑われた。いっぽう、アメリカ人はまったく恥じることなく、財力にまかせて権力と上流社会における地位を手に入れた。アメリカ人は富をひけらかし、富はアメリカ人に自信を与えたのだ。

マーサ　英国人って相変わらずね。革命で君主制が崩壊しても、花婿は結婚式前夜に花嫁の顔を見ちゃいけない。

　ヨーロッパの君主制が傾いているとわかり、アメリカ人は勢いづく。共和主義はモダンで妥当な選択に思われた。ロシア革命とロシア皇帝ニコライ2世の一家の処刑が引き金となり、ロシア国外でさらに強硬な社会主義運動が出現した。ニコライ2世は英国のジョージ5世のいとこであり親密でもあったが、ふたりは戦争によって引き裂かれた。1917年、ジョージ5世はニコライ2世と家族が避難する場所を必要としているとわかっていたが、彼らに避難場所を提供するという英国政府の申し出を断わった（翌年、処刑が実行された）。英国でも同じような革命が起こるかもしれないと懸念したからだ。そのような事態を避けるため、まず、国王は家名をサクス＝コバーグ＝ゴータからウィンザーに変更した。ドイツの血縁と距離を置くためだった。戦中と戦後を通じて、オーストリア、ドイツ、ギリシャ、スペインの君主制が崩壊した。倒された君主の多くが、ジョージ5世の血縁だ。しかし、奇妙なことに、ジョージ5世とメアリー王妃（父はドイツ系）の柔軟性と戦略的な行動のおかげで、実際には、英国王室の人気はこの期間に高くなった。とはいえ、情勢は不安定だ。観察眼の鋭いアメリカ人にとっては、英国貴族は、倒れるのを待つばかりの、ドミノの駒に見えたに違いない。

　それでも、このときでさえ、裕福なアメリカ人の多くは、英国の上流階級とその暮らしぶりを賞賛し、親英的だった。娘を英国貴族に嫁がせたアメリカ人も多い。なかには、英国に定住して土地を手に入れ、爵位を授かって英国のエリート層の仲間入りをしたアメリカの一族もいる。アスター家がもっとも有名だ。しかし大部分のアメリカ人は英国貴族ふうの暮らしを本国で追求することを選び、階級を輸入しようとまでした。お仕着せを着た下僕がニューヨークの華やかなディナーパーティで注目のまとになったのは、英国の使用人には雰囲気と専門知識があると考えられたからだ。どちらも、成り上がりの金持ちにはないものだ。あるアメリカ人の評論家の言葉を借りれば、英国人の使用人は"英国から輸入された、なめらかに動く高級な機械で、上流階級の競争で勝つための必需品"だ。

　アメリカ本土の金持ちのあいだでは、とくに英国人執事の人気が高まった。

作家のＰ・Ｇ・ウッドハウスによれば、アメリカ東海岸の金持ちにもっとも人気があったのは、"体重がゆうに100キロを超える執事、三重あごで太鼓腹の執事、濃い灰色の丸い目をしていて、今ではめずらしい執事らしい厳格なマナーをそなえた執事"だ。カーソンはマーサにスカウトされたら困ると思っていたかもしれない。

　実際には、マーサは完全にアメリカ流のやりかたに満足していて、執事より若い女性のメイドのほうがいいと思っている。マーサはメイドのリードを、主人を横目でうかがう昔ながらの英国の使用人のようではなく、自分好みに訓練できる。マーサの態度にびっくりする人もいる。英国の生活様式がアメリカふうにアレンジされて英国の貴族がとまどったのは、使用人についてだけではない。そうした例は、マスコミではほとんど定番のテーマだった。1920年には、《レディ》誌はアメリカから来た言葉（家庭内や農場の雑務を意味する"雑用〔chore〕"もそのひとつ）やジャズについての記事を掲載した。

　リードも、階下の使用人たち、とくにアルフレッドとデイジーを振り回す。リードはアルフレッドに一目ぼれするが、アルフレッドはリードに言い寄られてびっくりする（女性のほうからアプローチをかけることは、英国ではありえない）。とはいえ、悪い気はしない。デイジーはリードのずうずうしい態度に腹を立てるが、その現代的な態度には見習うべき点があるかもしれないと思う。このころには、厨房の奥にひっこんでいるデイジーさえも、ハリウッド映画や、そのロマンチックな物語、どこからともなく現われたスターの卵たち（セクシーな若い女性を意味する"イット・ガール"の語源になった女優のクララ・ボウは、スラム街の出身だった）や、スターの恋愛や私生活を追いかける雑誌の影響を強く受けるようになっていた。

バイオレット　未来がひらけるのを見ると、元気が出るわ。
マーサ　過去とはまったく違う未来になるでしょうけど。

　当然ながら、マーサはアメリカの大金持ちらしい姿をしている。キャロライン・マッコールはロサンゼルスに飛んで、シャーリー・マクレーンの衣装

ダウントン・アビーの英国らしさをひっかきまわすのはマーサだけではない。メイドのリードもあつかましいアメリカ的なふるまいで使用人たちを動揺させる。

合わせをした。「ある年代のかたの衣装合わせをするときには、若いときの姿を想像するようにしています」と、マッコール。「たいていの人は40代のときに自分なりのスタイルを見つけて、そのスタイルを変えようとしないわ。でも、マーサは裕福だから、新しいファッションが登場すると、どんどん取り入れるの」いまだにアレクサンドラ王妃のようなS字型コルセットをつけているバイオレットと違い、マーサはウエストがストンとした流行のドレスに身を包み、自分のモダンさをアピールする。「彼女は見せびらかすのが好きなの。富を示すことが喜びなのよ。いつも派手な宝石をジャラジャラつけてね。ヘアバンドをつけたり、高価な羽根飾りのついた帽子をかぶったりするわ。あの羽根飾りのなかには極楽鳥の羽根もあったのよ。当時のアメリカの衣装は、ヨーロッパの衣装よりもずっと装飾が凝っていたの」と、マッコール。「シンプルがいちばんなんて、マーサには通じないし、マーサを異星人みたいに見せたかったの」

　マーサは意欲満々だが、伯爵家の態度を改めさせて彼らの政治理念をモダンにしようという任務は、そう簡単には進まない——マーサの無遠慮な言いかたに一家が慣れていないことがいちばんの原因だ。伯爵家の人々は、デリケートな話題に触れるときには、遠回しに話すことに慣れている。たとえば、セックス、お金、宗教の話題などだ。だが、マーサはいつも歯に衣を着せない。

マーサ　1920年なのに、禁断の話題ですって？嘘みたい。

　ダウントン・アビーの一部の人——バイオレットやカーソン——は、マーサの人騒がせな態度にうんざりする。はたして、ほかの人たちはとまどいつつも受け入れるのだろうか？　それは、見てのお楽しみだ。

第一次世界大戦後、アメリカはダイエットからボディービルディングまで、健康ブームや運動ブームにわいた。いちばんの関心事は、健康という意味でも、ファッションという意味でも、減量だ（"喫煙ダイエット"なるものも人気だった！）。フランス人と並んで、アメリカ人は"日光浴"をファッショナブルなものにした。ジョン・ハーベイ・ケロッグ（コーンフレークの発明者）は、日光は皮膚によいと信じていて、"健康的な日焼け"をすすめた。海外で暮らすアメリカ人のあいだで、フランスのリビエラのビーチで日光浴をすることが大流行した。

ジョン・ベイツ

元グランサム伯爵付従者

終身刑囚

Mary Anderson   Paddington
145 Offington Rd S.W.   904

Mrs K. Adams   Victoria
14 Eaton Rd S.W.   4102

Miss. E. Ainley
51 London Rd S.E.

Mr. P. Ackroyd   City
23 Higginson Place   4560
E.1.

Mrs. A. Bartlett
14 Cranmount Street S.E.

P. Barking   Ealing
25 Regents Place. W.   1574

Mr. N. Bonville
53 Victoria Street, Yorkshire.

アンナは有利な証言を集めたいと思い、ベイツの前妻の住所録から元夫妻の友人の名前を書き写した。細部に注目して無意味に見えるたくさんの情報をふるいにかけることが謎を解く鍵になる——賢明なアンナは、そのころどんどん増えていた犯罪小説や探偵小説を読んだかもしれない。1920年にはアガサ・クリスティーの名探偵ポアロシリーズの１作目、『スタイルズ荘の怪事件』が出版された。

Mrs. C. Church
16 Grove Terrace N.W.

P. Corkdale   Battersea
35 Trinity Cottages   904
  Andrew Street S.W

Frankie Darcy
16 Pickering Street
  Cork, Ireland.

Mr. J. L Flanaghan   Museum
47 New Street

Mr. A O'Flaherty   Dublin
59 Upper Oldfield Pk. 3021
  Clontarf

Mr. Harlip
16 Station Road
  Cromleyh, Lancashire

ベイツ　夢に見るぐらいだ。ディナーの用意が間に合わないとか、アイロンがけが終わっていないとか、銃の手入れがすんでいないとか、あわてたものだ。

　年が明け、戦時の恐怖を忘れて新しいスタートを切ろうとしている人々に、希望をもたらした。ダウントン・アビーでも、住人は明るい気持ちで1920年代を迎えようとしている――ひとりを除いて。グランサム伯爵の元従者で、アンナの夫であり、ほとんどの使用人と伯爵家の人々の友人であるベイツは、前妻を殺した罪で投獄されている。ベイツは上訴したいと思っているが、勝訴するまでは囚人の身だ。刑期は短くても20年。もっとも、これでもましになったほうだ。絞首刑を宣告されたのだから。
　減刑が決定するまでの数週間、死におびえながら生きるのは、つらかっただろう。少なくとも、わたしたちはそう想像する。ベイツは感情を表に出さないので、なにを考えているかわかりにくい。ベイツと親しい者ですら、ベイツの過去を知るためには辛抱強く時間をかけなければならなかった。だから、ベイツの今の心境は、わたしたちやベイツのまわりの人々が推測するにすぎない。静かな力とでも呼ぶべきものが、傷つきやすい性質を覆い隠している。ボーア戦争後、ベイツは怪我のために除隊になった。絶望して酒におぼれたと、ベイツは認めている。自分が前妻の人生をめちゃくちゃにしたのだから、彼女の罪をかぶって刑に服することでつぐなうべきだと思っていた。言い替えれば、ベイツはひるまずに試練を受け止めてきたわけではないのだ。わたしたちが知る冷静な仮面の下に、心やさしい男がいる。だからこそ、ベイツはこのシリーズでもっとも愛されるキャラクターなのだ。
　アンナとの出会いが、ベイツの人生を変えた。ダウントン・アビーで働きはじめたとき、ベイツは仕事さえあればいいと思っていた――それさえも、危ういと思えるときもあった。好意的な使用人でも、ベイツに仕事ができるのかと疑った。ベイツは足が悪く、杖をついていたためだ。敵意を持つものは、ベイツを解雇に追いこもうとした。ベイツは必死で仕事を守ろうとした。

ダウントン・アビーはベイツにとって避難場所だ。ここにいるかぎり、別居している前妻のヴェラと距離を置ける。前科のあるベイツが、ほかで就職できる見込みはまずない。ダウントン・アビーには、寝る場所と、日に3度の食事、友人であり雇い主であるグランサム伯爵の引き立てがある。謎めいた部分はあるものの、ベイツは基本的にだれにでも親切でわけへだてがないので、すぐに階下の使用人のほとんどすべてから敬意を払われるようになる。

思いがけず、ベイツはアンナと愛しあうようになり、もう一度幸せな未来を思い描く。ふたりは家庭を持ち、小さな宿屋を営むことを夢みている。妻となったアンナの信頼だけが、獄中のベイツの支えだ。アンナはベイツを深く愛していて、自分の愛情が、ベイツがこれから長く続くであろう獄中生活を耐えるために必要な力になると知っている。ベイツ役の俳優ブレンダン・コイルは語る。「初め、ベイツは自分の人生に現われた善良なアンナを自分にはもったいないと思った。でも、アンナはベイツを思い込みから解放し、ベイツが自分らしくふるまえるようにした。おかげで、ベイツは自分がアンナにふさわしいと思えるようになる」

一緒になる望みがふたたびくだかれての獄中生活はほんとうに長いだろう。以前、ベイツは軍の兵舎の銀食器を盗んだヴェラの罪をかぶり、服役した。短期間だったとはいえ、刑務所がどのようなものかわかっている。しかし、軽犯罪の刑期はそう長くないとわかったうえで人の罪をかぶって服役することと、殺人犯として長い禁固と重労働の日々に向き合うのはまったく別のことだ。

ベイツ　そう言わずに、おれの分まで楽しんでくれ。

ベイツはこれまでも苦労してきた。ボーア戦争での経験は過酷だっただろう（コイルは「恐ろしいゲリラ戦だったからね」と言う）。その異常な状況で、ベイツはグランサム伯爵の従卒を務め、友情も築いた。足を負傷して杖なしでは歩けなくなったために若くして除隊になったとき、ベイツは自分の一生はおしまいだと絶望した。怪我がなければ、ベイツは軍隊で長く活躍できたはずだ、とジュリアン・フェローズは言う。なにより不運は、ベイツが帰国すると、かつて愛した前妻が性悪女に変わり果て、ベイツの人生を破滅させようとしたことだ。いかにベイツが人格者であっても、すでに戦争で

ベイツはほとんどの使用人と伯爵家の人々に尊敬されている。裁判でベイツを支援する姿に、それがよく表われている。

充分な罰を受けてきたも同然なのに、また投獄されるのかと思ったに違いない。

投獄されるとすぐに、人間性を奪われる過程に直面する。名前ではなく囚人番号で呼ばれ、拘禁中はサイズの合わない囚人服を着せられ、家庭的なくつろぎはほとんど許されない。環境そのものも厳しい。国じゅうの多くの監獄と同じように、ベイツが収監されているのも、監獄用として建てられたビクトリア朝時代の大きな建物だ。音の反響する建物の内部には、中央に監視室があり、そこからいくつもの廊下が放射状に広がる。それぞれの廊下に、重い鉄扉に閉ざされた狭い監房がずらりと並び、陰鬱で重苦しい雰囲気だ。

ベイツの刑は、12週間の"独房監禁"で始まった。これは、自分の罪を反省するための期間だ。当時のある囚人が、地獄のような監獄生活についてこう書いている。「一般的に、囚人は判決のあと、鬱状態を経験し、神経衰弱におちいる。隔離収容の初期には、自殺をはかったり精神が錯乱したりする可能性が高い。ストレスを解消するものは、聖書と祈禱書しかない」

一般的に、囚人の生活環境は厳しかった。監獄は狭く、広さは3メートル×2メートルほどで、天井の高さは3メートル弱だ。家財道具は粗末な寝台（厚板2枚を合わせただけ）と、テーブル、丸椅子、所持を許可されたわずかな本や身のまわりの品をしまう棚があるだけだ。かび臭くて薄暗い部屋は、冬は凍えるように寒い。

ベイツは"終身刑囚"なので、ある種の権利が与えられていた。当時、長期にわたって厳しくしすぎるのは逆効果で、囚人の状態を改善するほうがよいと考えられたからだ。とはいえ、この改善は相対的にゆっくりと行なわれた。ベイツの場合は、ほかの囚人よりたくさん手紙を受け取ることが許され、面会時間も通常20分間のところ、30分間だった。ベイツとアンナにとってはありがたいことだ。また"嗜好品"——クッキー、ピクルス、ジャムや砂糖（タバコは禁止）——に使うために日に1ペニー与えられた。ささやかなもののようだが、ベイツは喜んだ。刑務所の食事は粗末でひどかったからだ。マニー・シンウェルは1919年に暴動を扇動した罪で投獄されたが、初日の朝食の恐怖が忘れられないと書いている。「ジャムかマーマレードを入れるような大きな石の容器を渡された。灰色のどろどろした液体が、ほぼいっぱいに入っている。これが粥（ポリッジ）かと思ったが、こんな表現をスコットランド生まれの看守が聞いたらカンカンになって怒るだろう。小さな缶入りの牛乳も出た。扉が閉まると、さっそく口に含んでみたが、すっぱかった」シンウェルはポリッジも牛乳も受けつけなかった。昼食もひどい"スープ"だった。シンウェルは刑期の5カ月間、お茶とパンだけで過ごした。

アンナ　ヴェラは自殺の決意をだれかに打ち明けたんじゃないかしら？

アンナ　同房者とはうまくいってる？
ベイツ　気に食わないやつだが、なんとか我慢しているよ。

　食事もひどいが、長たらしくて退屈な日課はもっとつらかった。起床は毎朝6時半。監房で数時間、かいば袋や郵袋を縫う作業をしたあと、しばし作業から解放され、チャペルで礼拝に参加する。そのあとは、1時間、刑務所の中庭を歩く。ある監獄改善活動家がこの運動について"1列になって二重のトラックをぐるぐると休みなく歩きまわる。そのあいだ、看守がずっと命令しながら、意地悪な目で監視している"と、なまなましく書いている。私語も許されなかった。もっとも、受刑者たちはすぐに唇を動かさずに話す方法を覚えるので、このルールはあってないようなものだ。午後になると、作業場での労働が待っている。ここでも、看守に見張られ、黙々と作業を行なう。昼食とお茶（パンとココア）は監房でとるきまりになっていて、お茶の時間は午後4時15分だ。このあと、長い夜が始まる。翌朝、また日課が始まるまでのおよそ15時間は、見張りもこない。

　週末は中休みになるどころか、もっとひどかった。土曜日の正午から月曜日の朝まで、監房に閉じこめられる。外に出られるのはたったの3回、それもごく短い時間——日曜日にチャペルで礼拝をする時間が2回と、30分の運動時間だけだ。

　獄中生活はうんざりするほど退屈だ——ベイツがアンナとのたわいない会話に夢中になるのも不思議ではない。アンナはベイツにメアリーの結婚式の計画や厨房で起きたドラマについて話すものの、"無実を証明できるかどうかというときに、そんな話を聞く気になれないかもしれない"と思う。だが、それは大まちがいだ。

　退屈から逃れたくて、ベイツはいつもと違うことをなんでも楽しんだ。週に1度の入浴は、週1度の着替えとともに、受刑者にとって最大の楽しみだ。近年の改革によって、受刑者に講義や文化イベントを提供する刑務所がある。たまには映画を上映することもある。しかし、ベイツのように学があり内省的な受刑者がもっとも楽しみにしているのは、本の貸し出しだ。深刻な悩みから解放されたくて、ベイツはP・G・ウッドハウスの作品を楽しんだかも

しれない。従者のジーヴスは1915年に発表された短篇に初登場し、その後、続篇でも活躍した。あるいは、いろいろな面でダウントン・アビーに似たブランディングス城を舞台とした『サムシング・フレッシュ（Something Fresh）』を手に取ったかもしれない。変人の主人としっかり者の使用人という組み合わせにくすくす笑っただろう。

　どこの刑務所でも、暇つぶしよりも深刻な問題は、看守やほかの受刑者からの暴力だ。懲罰は、刑務所ごとに決まっていたようだ。違反をおかすと、独房に監禁されたり、権利を制限されたりした。刑法改革同盟は、元受刑者の報告をまとめ、看守はしばしば、囚人を脅すことによって昇進する"弱い者いじめをする暴君"であるという結論に達した。1919年に投獄されたある受刑者は、4タイプの看守がいると言った。「怠け者、密告屋、暴君、そしておせっかい野郎。看守はよく派閥に分かれた。下ネタばかりのバカな派閥もあれば、不正に手を染める派閥もあった」

　このような刑務所のなかで、ベイツは自我を保つ戦いを強いられた——もはやベイツには、自分の人生に対する支配力がないも同然だ。圧倒的な絶望感のなかで、多くの受刑者がその戦いに敗れていく。しかし、ベイツは軍隊生活と使用人としての勤めを経験しているので、たいていの受刑者よりも退屈をやり過ごすのがうまい。獄中で、ベイツは何度か短気な面を見せる——かつて、酒におぼれる原因になった弱い一面だ。今、身を守るためには、短気も大いに役に立つだろう。しかし、だれもが知っているとおり、武器を使えば——怒りだろうと、こぶしだろうと、ナイフだろうと——自分にも同じものが使われることを覚悟しなければならない。無実を証明したいと思っているベイツにとっては、最大の危険は、じつは自分自身かもしれない。

獄中生活では楽しみがほとんどない。ベイツの監房には小さな棚があり、標準的に支給された本と私物が少し置かれている。監獄の外を思い出させるアンナの写真は、ベイツの宝物だ。

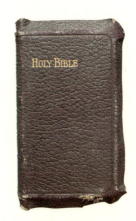

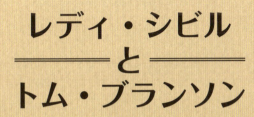

City of Dublin Steam Packet
COMPANY.
ENGLAND and IRELAND
ROYAL MAIL SERVICE
VIA
HOLYHEAD & KINGSTOWN
FASTEST & BEST PASSENGER ROUTE.

The Magnificent Twin Screw Steamers "ULSTER" "LEINSTER" "MUNSTER" or "CONNAUGHT." 3,000 Tons, 9,000 Horse Power, Speed 24 Knots, sail twice daily with Mail and Passengers.

Equipped with MARCONI'S System of Wireless Telegraphy

SEA PASSAGE 2 Hours 45 Minutes.

Through Passenger Bookings between the principal English and Irish Stations.

Breakfasts, Luncheons, Dinners and Teas, etc, are served in both the 1st Class Saloon and 2nd Class Cabin.

LIVERPOOL and DUBLIN
THE DIRECT ROUTE FOR PASSENGERS
(Excellent Accommodation)
Also for GOODS and LIVE STOCK.

DUBLIN and BELFAST
Twice Weekly is each Direction.

15 Eden Quay, Dublin, & 15 Water St, Liverpool.

1920年の帰郷のさいに、シビルとトム・ブランソンがダブリン－リバプール間の高速蒸気船の定期便を利用したとすれば、航海の時間は以前よりもずっと短かった。シティ・オブ・ダブリン・スティーム・パケット・カンパニーは1822年に設立された、最古の定期蒸気旅客船の運航会社だ。1897年に建造された２基のスクリュー・プロペラをそなえた４隻の大型蒸気船の最高速度は24ノット。残念ながら、そのうち２隻、コノート号とレンスター号は第一次世界大戦中にドイツの魚雷に触れて沈没した。

THE CITY OF DUBLIN STEAM PACKET COMPANY'S VESSELS.

The Magnificent Twin Screw Steamers "ULSTER" "LEINSTER" "MUNSTER" or "CONNAUGHT."

TO DUBLIN AND LIVERPOOL.

DURING THE MONTH OF MAY, 1920, AS FOLLOWS

Leaves Dublin	Leaves Liverpool
6:45 a.m.	7:15 a.m.
8:00 a.m.	8:45 a.m.
9:30 a.m.	10:15 a.m.
11:00 a.m.	11:45 a.m.
12:30 a.m.	1:15 p.m.
2:00 p.m.	2:45 p.m.
3:45 p.m.	4:30 p.m.
5:15 p.m.	6:00 p.m.
7:00 p.m.	7:45 p.m.
8:30 p.m.	9:30 p.m.
10:30 p.m.	11:30 p.m.
12:15 a.m.	1:05 a.m.

SUNDAYS AND BANK HOLIDAYS

No Trips at 6:45 a.m. or 7:15 a.m.

Information as to rates of Freights, Fares, etc, will be given by the Agents of the Company.

15 Eden Quay, Dublin, & 15 Water St, Liverpool.

イザベル　取りこし苦労よ。彼が結婚式に出ようが出まいが、世間は気にしないわ。
マシュー　田舎では、伯爵令嬢と運転手が駆け落ちしたら噂のまとだ。

　新婚のシビルとブランソンはダブリンで"ブランソン夫妻"としてひっそりと静かに暮らすことを望み、子どもの誕生を待ちわびている。ブランソンはジャーナリストとしての道を歩みはじめ、急進的な民族主義的新聞に記事を書いている。シビルは出産後には看護婦として働くつもりだ。だが今は、ふたりが住む小さなアパートを掃除したり、夫のために夕食の支度をしたりする毎日を送っている。しかし、ダウントン・アビーで噂になっていることを考えると、ふたりの生活は普通ではない。伯爵家の令嬢と元運転手のアイルランド人革命家の夫婦が平穏な生活を送るのは難しそうだ。ふたりができると思っているのなら、本心を隠しているのだろう。
　シビルは戦時中に看護婦として働き、その経験によって人生観がすっかり変わった。人とは違う生きかたを求め、思いどおりに生きたいと思っている。つねにシビルは変化を呼び起こす機会を受け入れてきた（政治集会しかり、斬新なデザインの風変わりなズボンしかり）、扇動的な運転手と駆け落ちしたのもそのひとつだ。ジュリアン・フェローズはこう語る。「障害を乗り越えて引かれあう人たちは多い。でも、シビルの場合は、基本的に反逆児で、反抗心を示すひとつの方法がブランソンです。たんに、ブランソンに魅力を感じているとか、恋をしたのではない。人生の選択をするときに、反抗的な声明を発表するのは、いかにもシビルらしい」
　シビルはこの意見に異議を唱えるかもしれない。シビルは自分が愛のために行動したと思いたいだろう。だが、戦後になり、シビルは社会が戦前に戻れるとは思っていない。それは、シビルも否定しないだろう。シビル本人が大きな苦難とトラウマを経験し、悲劇に直面して人間が平等であることを痛感したので、元に戻ってほしいとも思わないはずだ。シビルはブランソンとの結婚がうまくいかない理由などないと信じている——身分の違いは問題で

はないと思っていて、それが幸せな結婚生活のさまたげになるとは考えていない。

　ブランソンにとっては、状況はもっと複雑だ。熱心な左翼であり、反体制派であるブランソンはますます反英国的になってアイルランドの民族主義運動にのめりこんでいく。ふたりが世界を変えるために同じ熱意を持っていなければ、英国の伯爵令嬢と恋愛関係になったことは祖国では理解されないだろう。「とても進歩的な考えのカップルだよ」ブランソン役のアレン・リーチが言う。「共通の情熱があるから、たがいに引かれあう。シビルはズボンをはいて階段を降りてきて以来、いつも騒ぎを起こしては楽しんだ。ブランソンはそんなところが好きなんだ」

　しかしシビルの政治活動（ズボンをはく権利）は害がない、あるいは世のためになる力（とくに、看護婦として働いて母に反抗することは）だが、ブランソンの政治活動は危険だ。1920年のダブリンはほとんど紛争地帯で、すべてのダブリンの住民にとって危険だった。しかし、革命派の共和主義者にとっては、もっと危険だ。シビルも同じくらい危険にさらされている。上流階級の英国人は、いつ攻撃の対象になってもおかしくない。

　これは根深い問題だ。多くのアイルランド人（とくに南部と西部の州で）は長いあいだ国政における発言権拡大のために運動してきた。初めは、この自治権拡大はグレートブリテン‐アイルランド連合王国の枠内で構想されていた――アイルランドは国内の問題を話しあうために独自の議会を持っていたが、国内の大きな問題や国際問題については議員を英国議会に送っていた。19世紀の後半に、このような"内政自治"の導入が2度試みられたが、いずれも、下院で法案が通過したあとに上院での投票で否決された。ついに、1914年、上院の勢力が弱まり、アイルランド自治法が成立する。しかし、第一次世界大戦が勃発したため、施行は延期された――外敵に対して共同戦線を張ることのほうが重要だと決定されたからだ。アイルランド民族主義運動をすすめるいくつかのグループはこの決定に不満を持ち、1916年のイースターの日に、施行を求め、ダブリンにおける英国の支配に対して武装蜂起した。このイースター蜂起は支持を得られず、すぐに制圧された。

　しかし蜂起の指導者が処刑されたことで、アイルランド国内に怒りが広まり、民族主義運動の目的と理想に対する支援が増える結果になった。1918年に（増兵が急務となったため）アイルランド人を英国軍に徴兵すべきだと提案されると、反英感情がさらに高まる。第一次世界大戦が終わるまでには、アイルランド民族主義の性質は決定的に変わり、その目的は内政自治から独立になった。1918年の総選挙では、新しい民族主義を表明する急進的なシ

ン・フェイン党が105議席中73議席を獲得。選出された議員（女性候補のマルキエビッチ伯爵夫人を含む）は、英国議会の下院に登院することと、英国王室への忠誠を宣誓することを拒んだ。代わりに、ダブリンでアイルランド議会を結成し、一方的に独立を宣言した。彼らが作った議会は下院(ドイル)と呼ばれ、アイルランド共和国の代表であると主張した。

　ロイド・ジョージがそのころ発足させた連合政府は独立を認めず、新しい内政自治法——アイルランド統治法——を提案した。延期された1914年の内政自治法にとって代わるものだ。これはアイルランドにかなりの自治権を与えるもので、1919年12月に議会に提出された。シーズン3で話題にのぼるのは、この法案だ（1920年11月に議会を通過する）。

イザベル　統治法案についてだけど、あなたは賛成派？
ブランソン　外国勢力に祖国が分割されるなんて許せません。

　しかし、下院(ドイル)はその法案を拒否して英国に宣戦布告した。こうして、アイルランド独立戦争が始まる。1919年1月から、アイルランド共和軍（IRA）が英国の支配に対してテロ活動を始めると、南アイルランドじゅうで、暴動が頻発した。おもなターゲットはアイルランド王立警察隊（RIC）だ。しかし、英国の権威のシンボルとみなされる人やものもターゲットになった。英国はときには残虐きわまるやりかたで、暴動に報復した。1919年9月、英国は下院(ドイル)とシン・フェイン党を違法と宣言した。

　ダブリンでは事件が続いた。フェニックス・パークを車で移動していた英国の将軍の暗殺未遂、RIC宿舎の攻撃、英国に対する戦時の協力を拒むアイルランド人労働者によるストライキ。アイルランド駐在の治安判事が南ダブリンの路面電車から引きずりだされ、頭を3発撃たれる事件もあった。1920年2月、ダブリンとほかの6州が"騒乱状態"にあると宣言された。ロバートとコーラは新聞でこの状況を読み、娘の身を案じて生きた心地がしなかっただろう。"ビッグ・ハウス"（英国からアイルランドに移住した、土地持ちのプロテスタントの貴族が住む大邸宅）も、英国による抑圧の象徴として、攻撃され焼かれはじめた。1920年には30邸のビッグ・ハウスが火をつけられ、

シビル　あなたのためにお願いしてるの。
ブランソン　きみのためだろう？　おれを失望させないでくれ。もうここまで来たんだから。

翌年以降は、もっと増えた。

　1920年の初めから、RICは、英国軍のほか、元英国軍将校によって構成される支援軍や、英国治安部隊（まだらのカーキ色の制服から、ブラック・アンド・タンズと呼ばれた）の援護を受けはじめる。市民に対して容赦なく残虐行為が繰り返され、なかでもブラック・アンド・タンズは、村全体を焼き、疑わしいものは処刑した。こうした行為は反英感情を悪化させるだけだった。

ブランソン　貴族の豪邸など、ぼくにとってはどうでもいい。不愉快なものでしかない。

　1920年末には、ダブリンは安全な場所ではなくなっていた。ダブリンにいたIRAの指導者マイケル・コリンズは日に３度、攻撃をしかけた。警官や兵士が待ち伏せされて殺され、役人は役所で暗殺された。残虐行為の応酬合戦は11月21日に最高潮に達する。一連の早朝急襲で、IRAはダブリンで英国の諜報員の暗殺をくわだて、英国人将校や市民を含め14人が犠牲になった。その報復として、ゲーリック・フットボールの試合の最中に、英国支援軍がダブリンのスタジアム、クローク・パークに突入し、観客に発砲。14名が亡くなり、65名が負傷した。"血の日曜日"事件だ（1921年７月に休戦協定が結ばれるまで、事態は悪化の一途をたどる。条約が締結され、南アイルランドは英連邦内の自治領になった。これは一般的には受け入れられたが、強硬な民族主義運動家は反発し、賛成派と対立して内戦に発展する。1923年に反対派が負けた）。

　この戦乱のさなかに、シビルとブランソンがダウントン・アビーに戻ってくる。伯爵家のなかにブランソンに冷たい者がいたのは当然だ。シビルが直面している恐怖を思うと、ブランソンの信念や生きかたが自分たちとは違うという事実を感じずにいられなかっただろう。これが、ブランソンに守りの態勢をとらせる。ブランソンは愛する女性への義務をはたしたい気持ちと、みずからの政治的理念の板ばさみになる。

　さらに、シビルを養えないことがブランソンから覇気を奪う。残念ながら、ジャーナリストとしての仕事があるときでも、ブランソンの稼ぎは少ない。ふたりはシビルが父からもらった手当をたよりにして暮らしていた。そのため、ブランソンは扶養者として胸を張ってシビルを家族の元に帰すことができない。メアリーの前の求婚者であるリチャード・カーライル卿のように

堂々とふるまえないのだ。カーライルも貴族の生まれではないが、財力と自信で障害を乗り越えた。それに、ブランソンには階下に属していたいという気持ちが残っている。かつて階下の人々と同僚であり友人だったというだけでなく、革命家というものは、平等を求め、貴族のルールに抵抗するために戦うものと考えているからだ。ディナーのために下僕に着替えさせてもらうことは、自分の信念をあざけることだ。リーチがこう語る。「家族を養えないのはブランソンにとっては大問題だ。自分が歯向かっている相手からもらったもので生活するなんて耐えがたい。決まり悪くていらだちやすくもなる」

　ダブリンでは通用するスーツも、ダウントン・アビーでは好奇の目で見られる。ダウントン・アビーで話題になるのは、そのことばかりだ。ディナーのために着替えなかったことをいつも話題にされる。ダウントン・アビーの人々は、ブランソンがホワイトタイや、ブラックタイ、結婚式用の礼服を持っていないことを非常識だと感じる。ロバートは"巡回セールスマンみたいだ"と言い、バイオレットは"保険外交員"みたいだと言う。コスチュームデザイナーのキャロライン・マッコールはブランソンのスーツについてこう語った。「都会的に見せたいから、ドニゴール・ツイードの服は着せないわ。ブランソンはダブリンに住むジャーナリストよ。ダウントン・アビーで場違いな感じに見えるようにしたかったの」シビルは家族に申し訳なく思い、「ここの暮らしとはまったく違うの」と言い訳した。しかしブランソンにとっては、貴族がいろいろな場面で着る服は、たんに実用的だとか見栄えがいいという以上の意味を持つ。信条の表われなのだ。だから、受け入れたくない。それに、妻の実家を訪ねるために新しいスーツを買うお金はなかった。

ブランソン　ご機嫌とりのために、貴族のふりはできません。
バイオレット　それは、残念ね。

　一般的に、エチケットは、部外者をまごつかせるのに役立つ。明確なルールがあるいっぽうで、数えきれないほどの暗黙のルールがある。エチケットは、まるでだれかにボロを出させるためのもののようだ。これにはとても狼狽させられる。リーチはいろんな意味でこれを実感した。「ブランソンは自

分がエチケットを知らないことをよくわかっている。ぼく自身もそうだよ、役者としてね。ぼくはそれまでハイクレア城の食堂で撮影したことがなかった。場違いなところに来たっていう気がしたよ。まるで別世界に来たみたいだった」製作総指揮のギャレス・ニームによれば、このことがブランソンのキャラクターに広がりを与えた。「シーズン2以降のすばらしいところは、シーズン1ではキャラクターについてほとんどなにも決まっていなかったのが、シーズン2までには俳優によってキャラクターに命が吹きこまれ、われわれの決断に大いに影響を与えたってことだよ。ブランソンのように脇役だったキャラクターに人気が出てクローズアップされることもあった。それで、最初の予定よりも、キャラクターをふくらませた」

シビルとブランソンの物語は、ジュリアンが聞いた厩番(うまやばん)と駆け落ちした伯爵令嬢の噂にもとづいている（もっとも、そのケースでは、伯爵がふたりの結婚を阻止した）。フェローズが語る。「若い人たちはおもしろがっても、年寄りにとっては急に厩番と一緒にランチを食べるのは難しいことです。年寄りにとっては、それは偶発的なできごとで、エチケットについて大事なのは、偶発的なことはあってはならないということです。だから、運転手が伯爵一家と一緒に階上にいるということは、すべてが崩壊するのではないかと予感させます」終戦直後だったので、世界は二度と元に戻れないだろうと感じさせるものは、古い世代を不安にさせる。だが、一家の若い世代は、シビルが意外な相手を夫に選んだことを、上の世代よりもすんなり受け入れる。

マシュー　前にも言ったが、伯爵家の令嬢を妻にする者同士で協力しあわないと。

実際、マシューはブランソンにとって味方のような存在になる——結局、義理の兄弟になるのだ。未来の当主であるマシューは、ブランソンがくつろげるように、できるかぎりのことをしなければならないと感じている。それに、マシューは変化が起こっているのはよいことだと思っている。リーチは言う。「マシューも、部外者としてダウントン・アビーに来て、ふるまいかたを学んでいるところだ。ふたりにはそういう絆がある」

使用人たちも、この新しい状況に適応するのは難しいと感じている。務めをはたし、自分たちの暮らしをするためには、"エチケット"を守らなければならない。階上に泊まっているブランソンがぶらりと階下にやってくると、

使用人は混乱する。伯爵家の人々が客間で混乱するのと同じで、使用人たちは面食らった。当然のことながら、カーソンは認めず、皮肉っぽくブランソンの口まねをする——「"メアリーから聞いてる"だと？」。カーソンが言うとおり、ブランソンが口を開くたびに、ボロが出る。「だんな様でもわたしの前では"メアリー"と言わんぞ。けっして。階上の人間なら階上の人間らしく、ルールを覚えるべきだ」

カーソン　いかがなさいましたか？
ブランソン　ちょっと挨拶しにきただけだ。偉そうだと思われたくない。

　コーラはシビルの結婚がうまくいく可能性があると考えている。実母マーサ・レヴィンソンのおかげで、コーラは階級を越えた結婚の例をたくさん聞いてきた。それはアメリカではもっと頻繁にあったらしく、マスコミの注目を集めた。
　1910年、"ニューポートとフィフス・アベニュー"（つまり大金持ちの住む場所）のミス・ジュリア・フレンチは父の運転手ジャック・ゲラティと駆け落ちした。子どもがひとり生まれたが、ふたりの関係は長くは続かなかった。フレンチはこう述べている。「上流社会の女性と"下流"の男性の結婚がうまくいかないのは、男性にお金がないからではありません。問題はむしろ、価値観の違いです」ゲラティ氏には社会的背景に由来する"目に見えない"なにか——公明正大な態度や、生活の社会的価値に対する感覚——が足りなかった。"フォー・ハンドレッド"と呼ばれた東海岸の上流社会の名家のなかには、ほかにもそういう夫婦がいたが、たいてい離婚した。ユージーニア・ケリー・デイヴィスは"ブロードウェイの有名ダンサー"と結婚し、イーディス・ウェブ・マイルズは厩番と結婚し、イーディスの姉は警官と駆け落ちした。そういうわけで、コーラとマーサはシビルの選択に驚かなかったかもしれないが、結婚の行く末については心配だっただろう。
　おそらく、だれよりも実際的なのはバイオレットだろう。ものわかりのいいふりはしないが、ことが起こってしまったからには、噂をもみ消すために最善を尽くす。そうしなければ、噂は山火事のようにあっというまに村じゅうに広まるだろう。「ブランソンが行儀よくできるということを、村人に見

シビル　ダブリンでは、階級なんてどうでもいいと感じるの。わたしはブランソン夫人として、みんなと同じように暮らしているわ。

せつければいいのよ。そうすれば、世間はすぐに興味をなくすわ」バイオレットはイザベルにこう語り、つけくわえる。「大丈夫よ、わたしがしっかり手綱を握っていれば」

ブランソン　昨夜みたいなディナーはもうごめんだ。
マシュー　あっちもそう思ってるさ。まさか、伯爵をシン・フェイン党に入党させる気じゃないだろう？

　シビルは微妙な立場にいる。夫を愛していて、夫には信念のために戦う権利があるとかばうが、シビルも同じ信念を持っているわけではない。それでも、ダブリンで夫とともに新生活を営む覚悟だ。ためらわずに称号を捨て"ブランソン夫人"と名乗り、ディナーのために着替えたり上流社会とまじわったりすることのない質素な暮らしを送っている。さらに、待望の子どもをブランソンの望みどおりカトリック教徒として育てるつもりだということも、ほのめかす。

「シビルは、ブランソンに今のままでいてほしいと思っているの」シビル役のジェシカ・ブラウン・フィンドレイが語る。「ブランソンは社会を変えたいという情熱を持っている。シビルはブランソンのそういうところを愛しているの」だが、実家に帰ってきたときには、シビルはよけいな騒動を起こしたくないと思う。シビルは家族を愛していて、家族が望みどおりの生活を続けられればよいと思っているのだ。ブランソンとは違い、シビルは貴族の生活を悪だとは思っていない。しかし、調和を保つのは、想像以上に難しい。シビルは信頼する姉メアリーに、生活が苦しいことや、ブランソンがダウントン・アビーでは見くだされているように感じていることを打ち明ける。「結婚を後悔しているの？」とたずねられ、シビルは「少しも。トムはすばらしい人よ。みんなに彼のことをわかってもらいたいの」と答える。

　新しい生活はシビルの服装にも表われている。「シビルには自由奔放な（ボヘミアン）スタイルを与えたの」と、マッコールが言う。「モダンな印象のプリント地をふんだんに使って、袋みたいにストンとした形のドレスにしたわ。実用的だし、ゆったりしているから妊娠中のシビルに最適よ。ダウントン・アビーに滞在しているあいだは、まわりに合わせて、シビルも昔の服を着るけれど」

　シビルにとっていちばんの心配ごとは、妊娠と近づいてくる出産だ。いつ

の時代でも、出産はもうすぐ母になる女性を不安にさせる。しかし、20世紀の初めごろには、現代ではめずらしくない合併症が治療できないこともよくあった。1920年から24年のあいだに、イングランドとウェールズでは1000件の出産につき76.8件の死産があったと報告されている（現在は、1000件に3.5件）。シビルは幸運だ——裕福な家庭の娘なので、麻酔剤を使えただろう。貧しい妊婦は結んだタオルを握って痛みに耐えなければならなかった。しかし、出産の準備に役立つ情報はほとんどなかっただろう。マリー・ストープスの問題作『結婚愛』を読みでもしないかぎり、シビルが頼れるのはコーラの体験談だけだ。『結婚愛』は1918年に出版されると、数週間で何度も増刷された。同年にストープスが出した続篇『賢明な親の性生活』には、出産に関する意見のほかに、避妊法が詳しく述べられていた。ストープスは避妊が女性解放の鍵だと考えていたのだ。そのなかには、"オリーブオイルにひたした大きな平たいスポンジ"を使う避妊法なども含まれていた。言うまでもなく、結果はさまざまだ。そのころ、流行った歌がある。"ジニーは期待して読んだ。マリー・ストープスの本を読んだ。ジニーのお腹を見りゃわかる。ジニーが読んだのはニセの版"ストープス自身も死産の経験がある。ストープスは膝立ちの体勢で出産することを望んだが、助産師と医者は許可しなかった。死産はそのあとに起こった。のちに、ストープスは赤ん坊は専門家の傲慢と無知に"殺された"と語った。

シビル　赤ちゃんのために考えたの。平和と安全が必要よ。ダウントン・アビーには、その両方がある。

　少なくとも、なにが起ころうと、シビルは夫に頼れる。ふたりはたがいを大いに尊敬している愛情深い夫婦だ。ブラウン・フィンドレイはふたりのことをこう語る。「ケンカもするけれど、ふたりはたがいに率直だし、一緒に問題を解決する。育った環境は違っても、たがいを平等に扱ってる」アイルランドの情勢は今後もしばらく荒れそうだが、少なくともふたりにはダウントン・アビーという避難場所がある。ブランソンは長居をしたくないだろうが、シビルは実家で家族に見守られて出産できることに安堵を感じる。シビルはブランソンと末永く幸せに暮らしたいと願うと同時に、いざとなったら父に一家でダウントン・アビーに戻ることを許してほしいと思っている。

帽子は語る。ちょっとした違いが多くのこと、とくに階級について情報をくれる。ブランソンのやわらかいフェルト生地の中折れ帽 "フェドーラ帽" は下位中流階級の男性がかぶる典型的な帽子だ。いっぽう、貴族がかぶる "ホンブルグ帽" はもっと洗練されていて、つばがかたい。

伯爵家の令嬢たちは子ども部屋にある、邸のドールハウスで遊んだに違いない。邸を縮小したドールハウスを作ったのは、所領の大工だろう。1924年にサー・エドウィン・ラッチェンスのデザインで作られたメアリー王妃のドールハウスとは違って、伯爵家にあるのは、伝統的なタウンハウスのドールハウスだ。ドイツ製のミニチュアの家具と工芸品は品質がよかったが、戦後は英国人がドイツ製のミニチュアを愛好することはなくなった。

アルフレッド・ニュージェント

下僕

SKINN

Specialité:

DRESS
CLOTHES

HIGHEST
QUALITY
&
WORKMAN-
SHIP

163 & 1

アルフレッドのような若い下僕は、まず主人の服や仕立ての知識を教えこまれる。従者を連れていないすべての男性宿泊客の世話を担当するからだ。衣類の洗濯、アイロンがけ、着替えの準備、荷造りから、ボタンつけなどのつくろいものまで、下僕が担当する。主人の服のポケットから小銭を出すのも仕事のうちだ。これは衣服をつるしたときの型くずれを防ぐためでもあるし、小遣い稼ぎにもなる。

R & GRANT

PERFECTION OF STYLE

MODERATE PRICES

Gentlemen's Tailors,
a, PICCADILLY, W.1.
'Phone: Regent 4899.

> オブライエン　気にすることないわ。あなたはマナーを知ってるし、トーマスみたいに高慢じゃない。ご家族に好かれるわ。

　アルフレッド・ニュージェントはダウントン・アビーで下僕として前途多難なスタートを切った。侍女オブライエンの甥なので、使用人たちの態度がなんとなくよそよそしい。また、終戦直後の人手不足の時期にやっと見つかった下僕だというのに、カーソンも渋い顔をする。オブライエンの策略で、伯爵夫人コーラがカーソンの意見も求めずにアルフレッドを採用したからだ。そのうえカーソンは「背が高すぎる。185センチ以下じゃないとだめだ」と不満げだった。もっとまずいのは、アルフレッドに下僕としての経験がないことだ――戦争から帰ったあと、アルフレッドはホテルで働いていた。ダウントン・アビーで即戦力になりそうにはない。
　幸い、アルフレッドはおばのオブライエンとは違ってずるくなく、むしろ正直で気がやさしい。アルフレッド役のマット・ミルンが言う。「アルフレッドはがんばろうと思っている。大チャンスだからね。謙虚に、一生懸命、働くつもりだよ」メアリーも「水たまりに落ちた子犬みたいにたよりない」と言うものの、アルフレッドに好感を持っている。デイジーはアルフレッドを好きになるが、勇気がなくてなにもできない。とはいえ、マーサ・レヴィンソンのメイド、アメリカ娘のリードの大胆で進んだやりかたに触発される。ミルンは、アルフレッドはデイジーに注目されていい気になっていると感じている。「デイジーに思わせぶりな態度をとるのはよくないよ。アルフレッドの両親はあまりよい手本じゃなかったのかもしれないな。それに、アルフレッドは軍にいたときに、まわりが気軽な恋愛を楽しむのを見たんだろう。彼は使用人ホールで自分に向けられる熱い視線を楽しんでる。デイジーを拒否せず、リードには振り回される。ダウントン・アビーにも楽しいことがあると気づくんだ」

アルフレッド　やさしいんだな。どうして？
リード　好きだからよ。
アルフレッド　大胆だね。
リード　わたしはアメリカ人だもの。それに、今は1920年よ。楽しまなきゃ。

　言うまでもなく、トーマスはアルフレッドをねたむ。オブライエンはアルフレッドを応援するのに必死で、トーマスのことを気にしなくなった。しばらくすると、カーソンさえもが、一生懸命に取り組むアルフレッドを受け入れる（トーマスは腹を立て、アルフレッドをおとしいれようとする）。ミルンは、アルフレッドにとってカーソンはたいへん重要な存在だと言う。「アルフレッドの母親は使用人じゃなかったと思う。それに、オブライエンとあまり仲のいい姉妹じゃなかったみたいだ。父親はあまりそばにいなかったんだろう。だから、アルフレッドはカーソンを父親みたいに思うようになるんだ」でしゃばらない青年だが、アルフレッドは階下で次々に騒動を起こす。
　当時、下僕は富を誇示するために雇うものだった。容姿端麗でほどよく背が高い（執事ほど高くない）のが、最高の下僕だ。下僕がふたりいる場合は、同じくらいの身長が望ましい。隣りあって並ぶとき、見栄えがするからだ。サヴィルローのテーラーなどであつらえた上等のお仕着せを着ると、じつにりっぱに見える。第一次世界大戦後、家のなかで働く男性使用人が激減し、一部の名家しか男性使用人を雇えなかった。そのため、下僕はますますステータスシンボルになった。当時、男性使用人ひとりにつき、税金がかけられた。経済的な問題をかかえているグランサム伯爵は、新しい下僕の採用に乗り気でない。
　カーソンはアルフレッドの経験不足にイライラした。普通は、下働きとして入って下僕になる。13、4歳ごろに靴磨きやホールボーイから始めて、第二下僕、第一下僕、そして執事へと昇進していく。アルフレッドは下僕の仕事にそれほどこだわりがあるように見えない。実際、デイジーにほんとうは料理人になりたいんだと打ち明ける。しかし、当時は、男性が料理人になるのは、女性の場合よりも難しかった。オブライエンは「エスコフィエやムッシュー・カレームのような有名シェフは一握りしかいなくて、たくさんの下働きが不機嫌な赤ら顔の年増女に使われている」と言っていた（これを聞い

カーソン　ほんとうに大丈夫だな？
アルフレッド　もちろんです。
カーソン　銃猟のときのランチと違って、調理の必要はない。まず、シャンパンをお出ししろ。そのあいだに食事の用意をすればいい。

た料理長パットモアが機嫌を損ねたのは言うまでもない)。

カーソン　もうじきお嬢様の結婚式がある。新米に仕事を教える暇はない。

　それでも、アルフレッドのような立場の若者がつけるほかの仕事に比べれば、下僕の仕事は負担が軽いほうだ。また、アルフレッドはおばのつてで仕事を見つけたが、これはめずらしいことではない。使用人が家族のつてで仕事を見つけるのはよくあることだ。『ゴスフォード・パーク』のアドバイザーのひとりだった執事のアーサー・インチは、父親も執事で、ヨークシャーの所領で育った。初めての勤め先は、ボローブリッジのオールドバラ・ホールで、ハウスボーイとして働きはじめた。仕事を始める前に、スーツにきちんとアイロンをかける方法や、主人の服を出す方法、狩猟服の汚れを落とす方法を、父からしこまれた。装塡手を任されたときのために、12番散弾銃の分解、掃除、組み立ての方法も教えられた。「先輩の下僕にも、話をとおしておいてくれました。その下僕から、磨き粉とアンモニアの混ぜかたや、銀器のくもりを取る方法を教えてもらいました」仕事を教えた下僕は、よく訓練された新人が入って大喜びしただろう。

　仕事がら、下僕は階上の家族や宿泊客と接する機会が多い。扉を開け、伝言を書きとめ、使用人を連れてきていない宿泊客の従者として仕える。主人の車で出かけるときには、下僕は運転手の隣の助手席にすわり、扉を開けたり、乗り降りの手助けをしたりする。朝食、昼食、夕食のためにテーブルを準備するときには、目立たないようにしなければならない。厨房から皿を運び、食事のあいだテーブルのそばにひかえている（皿やグラスに指紋をつけないように白手袋をはめる）。テーブルを片づけるのも、下僕の仕事だ。食事と食事のあいだには、暖炉の火を調整し、書斎や客間でお茶を出す。

　目につくところにいるだけに、立ち居ふるまいがりっぱでなくてはならない。「歴史アドバイザーのアラステア・ブルースがいつも姿勢を注意してくれる」と、ミルン。「板みたいにまっすぐ立っていないといけないんだ。それだけじゃなく、こまごまとした注意点がある。手の位置がとても重要で、身体の前で組んじゃだめだ。フォーマルな場面での理想的な姿勢は、親指をズボンの縫い目にぴったり合わせることなんだ」所作を身につけるのはたいへんだろう。だが、ミルンはありがたいことだと言う。「アルフレッドも知

アルフレッドは料理人志望なので、下僕でありながらたびたび厨房に現われる。

らなかったと思う。アルフレッドも勉強中なんだ。だから、こういう細かいことを演技に取り入れられる」

　下僕の仕事には役得もあった。そのひとつが、食堂から戻ってくるワインの空き瓶とコルクを売ることだ。これはときには、手のこんだ詐欺になった。元ホールボーイがこんなふうに当時を語った。「中古品に価値があったので、よく業者が回収しにきた。瓶が12本で2ペンスか3ペンス。コルクはもっと高く売れる。邸で使うワインはビンテージばかりで、コルクには収穫の年と産地の刻印があるからだ。最良年のシャンパンや、ボルドー地方の赤ワイン、ポートワインのコルクだと5シリングぐらい。良年の場合だと1シリング半から2シリング。コルクは悪徳業者に転売されて、安ワインをつめて偽ラベルを貼った瓶に使われる。あるいは、高級ホテルや高級レストランのソムリエに売られる。ソムリエはテーブルの客から見える位置にコルクを置くことになっているので、客は偽コルクにだまされて、安ワインにビンテージの代金を払った」

　階下でも階上でもルールが急速に変わり、アルフレッドはほかの者よりも仕事に慣れるのに苦労する。幸い、アルフレッドは正直なので、目立たないようにまじめに仕事をすれば、大丈夫だろう。それに、ありがたいことにベテランから指導を受けている。その点は、アルフレッド役のミルンと同じだ。ミルンは言う。「ブライアン・パーシヴァル監督はすばらしいよ。彼のアドバイスは簡潔だけど、すごく的確なんだ。あるとき、カーソンとのシーンでこう言われた。"部隊長と話すつもりで。初めのうちは、そういう関係なんだ"」戦争の恐怖を体験しただけに、給仕をしたり、メイドとふざけあったりする生活は、さぞかし、快適だっただろう。その生活が長続きすることを祈ろう。

若手の下僕はワインについての知識や、ワインのそそぎかたを、ワイン貯蔵室の責任者である執事から教わる。第一次世界大戦で、フランスのワイン産業は大打撃を受けた。戦闘によって、シャンパーニュ地方の多くのブドウ畑が破壊された。1919年には、フランス政府は原産地統制呼称（AOC）制度を導入し、さまざまな産地のワインの品質基準を定めた。

レディ・イーディス・クローリー

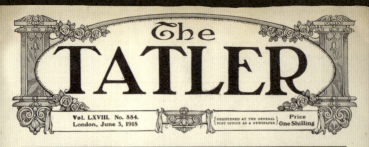

LADY RANDOLPH CHURCHILL MARRIES AGAIN
(INSET, MR. MONTAGU PHIPPEN PORCH, THE BRIDEGROOM)

Lady Randolph Churchill's engagement to Mr. Montagu Phippen Porch was announced at the end of last week, and it is understood that the marriage will take place very shortly. Before she married the late Lord Randolph Churchill in 1874 Lady Randolph was Miss Jennie Jerome of New York. She subsequently married Mr. George Cornwallis-West, whom she divorced. Mr. Montagu Porch is the son of a Bengal civil servant. He served in the Imperial Yeomanry in the South African War and has been British Resident in Northern Nigeria

イーディスは《スケッチ》紙を読んで流行を追っただろう。《スケッチ》紙(右)は《タトラー》誌(上)と並び、1920年代に英国の上流階級に人気のあった週刊絵入り新聞だ。さまざまなジャンルの記事と社交界のイベントの豊富な写真が特徴で、現代の週刊誌でいうと《ハロー!》といったところ。映画の批評や短篇小説(執筆者にアガサ・クリスティーなど)、H・E・ベイトマンのマンガも載っていた

コーラ　これは試練よ。よく言うでしょう？　試練を乗り越えてこそ、人は強くなれるの。
イーディス　でも、ひどすぎる。

　グランサム伯爵家の次女イーディス・クローリーは、美しく気の強い姉メアリーと、志の高い妹シビルの板ばさみになりながら、自分の生きかたを模索しつつ、強くふるまうことと、守りに入ることのあいだで揺れ動く。「彼女は弱い人なの」イーディス役のローラ・カーマイケルは言う。「親から見たら期待はずれの娘。それを痛いくらいに自覚しているわ。だから、拒絶されたくなくて、愛されたい、認められたいと強く望むの。そして、挑戦すべきことに飛びこんでなしとげる」
　長いあいだ、イーディスは結婚すれば救われると信じていた。しかし、社交界にデビューしたときにも求婚者は現われず、その後、好きになった人は叶わぬ相手ばかりだ。パトリック・クローリーはメアリーの最初の婚約者で、小作人のジョン・ドレイクは既婚者だった。戦争中だけは、イーディスは結婚とは別の自立の道を見つけた。そのときのイーディスには、自信があった。車やトラクターの運転を覚え、療養中の将校たちにとってかけがえのない存在だとしてダウントン・アビーを訪問した将軍から賞賛される。これには、イーディス本人だけでなく、家族も驚いた。当然のことながら、家族は、イーディスを、扱いづらいオールドミスみたいなものだと誤解していたのだ。戦争は、イーディスの思いやり深い一面を浮彫りにした。シビルがイーディスにこう言っている。「お姉様は今のほうがずっとすてきよ」
　戦争が終わり、姉は婚約し、既婚の妹は妊娠する。棚に置き去りにされて埃をかぶっていくような気持ちになったイーディスは、ふたたび、結婚だけが自分の生きがいになると思いこむ。そして、もう一度、アンソニー・ストララン卿に関心を持つ。ストラランは戦争中に負傷し、腕が不自由になった。少なくとも、ストラランはイーディスを必要とするだろう。そして、なにより、イーディスはストラランが好きだった。しかし、はたしてそれが愛なのかどうか難しいところだ。カーマイケルが言うように、「ストラランはイー

ディスを大人として扱ってくれる。本の話やいろいろな話ができて、ほかの人とは違うの」

イーディス　わかってほしいの！　腕のことなんか気にならないわ。むしろ、だからこそ、愛しているの。一生、あなたに尽くしたい。

　イーディスはプレッシャーを感じている。なにがなんでも自分が思い描く完璧な結婚をしたいし（メアリーにはふしだらな過去があり、シビルは運転手と駆け落ちした。だからといって、イーディスが紳士にふさわしくないということはない）、独身のままでいたら"売れ残り"扱いされるという焦りもある。

　大戦後、男性より女性の人口が多いことは、だれの目にもあきらかだった。1921年の国勢調査で、男性より女性のほうが175万人以上も多いことが公式に発表された。つまり、200万人近くの女性が結婚や、家庭はおろか、恋愛にも縁がないということだ。さらに、戦争から帰還した男性のうち、166万3000人が戦傷者だ。その多くは、就業も、結婚も、子どもを持つこともできない。マスコミはさっそく独身女性を"売れ残り"と呼んで危機感をあおりはじめた──受刑者がオーストラリアに流されるように、"売れ残り"の女性はカナダや植民地に移住すべきだと提案する社説まであった。はたすべき戦争義務もなくなり、結婚を焦るオールドミスとして描かれるイーディスは、両親の手伝いをするくらいしか期待されず、あわれを誘う。

　しかし、これは女性を見くだした、誤った見かただ。たしかに、ラブストーリーの主人公になることにあこがれる女性がたくさんいた。婚約者や夫が戦死して悲しみにくれる女性もたくさんいた。いっぽうで、これで結婚という名の暴君から解放されると思った女性もいたのだ。そのなかには、母親や姉妹が支配的な夫や残酷な夫に束縛されるのを見てきた女性だけでなく、きちんとした教育を受け、戦争中に初めての自由と自立を味わい、これからは人生を謳歌したいと思う女性もいた。フローレンス・アンダーウッドは女性自由連盟を代表して、《デイリー・クロニクル》紙に投稿した。「結婚だけが女性の求める職業ではない……。独身だという理由で女性を"売れ残り"と呼ぶのは無礼である」

イーディス　腕の怪我のことは、もう言わないで。
ストララン　それだけが理由じゃない。わたしはもう歳だ。きみには未来のある青年がふさわしい。

戦前、イーディスの階級の女性の多くは、ほとんど終わりのない退屈を経験した。マージー子爵夫人がこんなふうに回想した。「馬を持っていたので、冬のあいだボーウッドでは、週に2回、狩りに行きました。ほかの日はなにもすることがありません。クロスワード・パズルをしたり、犬の散歩に行ったりするぐらいのものです。仕事をするなんて問題外。青年保守党協会かなにかに入っていたので、集会に行って、半クラウン銀貨の寄付金を集めたりしました。友だちはみんな口をそろえて言うでしょう――死ぬほど退屈だったと」

イーディス　邸（やしき）では、おもてなししかすることがないわ。
バイオレット　夢中になれるものがあるはずよ。

大戦後、これが変わりはじめる。胸が躍るような進歩があった。戦時中、女性は看護や、工場勤務、農作業などの大変な仕事を引き受け、有能で、丈夫で、愛国心があることを証明した。しかし、終戦によって、仕事をしなくてもよくなる。国内には、女性は帰還した男性にふたたび場所をゆずり、おとなしくしているべきだという空気があった。それでも、英国女性の多大な貢献は認められ賞賛されるべきだと考えられた。この考えが1918年の人民代表法成立が推しすすめられた理由のひとつだ。この法律の制定により、資産を所有する30歳以上の女性に投票権が与えられた（ロシアで起こっている革命の噂によって不安が増大したことも、女性参政権の実現にひと役買った。女性参政権を認めなければ、英国でも革命が起きるかもしれないという懸念があった）。

さらに、1919年には、女性が銀行、会計、医学、技師の仕事につくことが法律で認められた。女性参政権が認められたものの、イーディスや姉妹たちにとってはじれったいものだった。3人とも30歳未満で、恩恵にあずかれなかったからだ。それでも、女性の可能性と自信が広がる雰囲気があった。

若者も、今までにない自由を謳歌していた。戦前、女性は結婚するまで両親と同居した。男性は大学に行けば女性よりは自由があり、21歳になると家を出て仕事についた。戦後になると、男女ともロンドンの小さなアパートに

引っ越し（同棲するわけではないが）、車を運転し、楽しんだ。戦争を経験したことで、若者は"人生は短い、楽しまなければならない"と実感する。上の世代は、多くの人と死別した悲しみから立ち直るのに数年かかった。しかし、若者は灰から蘇るフェニックスのように、エネルギーと勇気とともに立ちあがった。ある若い女性が、当時を振り返ってこう書いた。「第一次世界大戦後の数年間、英国はうきうきするような意気揚々とした金色の輝きに包まれたようだった。ただの想像だろうか？　そうは思わない……。大戦では、大きな犠牲があった。でも、それにともなう結果は価値があった。幸運にも生き残った若者たちは、ドラゴンを征伐した聖ゲオルギウスになったような気がして、自分たちには勇者の喜びを味わう権利があると感じた」

　少数の特権階級や、向こう見ずな人々の話はすぐに噂になった。さかんに開かれた"アルコール持ちこみのパーティ"ではモルヒネやコカインが使われ、若者は深夜すぎまで蓄音機から流れる音楽に合わせてにぎやかに踊った。ロンドンでは、カフェ・ド・パリ、シロズ、エンバシーなどのナイトクラブが繁盛し、薄暗い明かりがともった店内で酒に酔った男女が情事を繰り広げる。このような行為は世間一般には広まらず、大衆はこのような浮かれ騒ぎの話を聞いてショックを受けた。しかし、若者は自信をつけ、もう親の言いつけどおりに行動する必要はないのだと目覚めた。

レディ・マンビル　楽しそうだわ。新聞の記事で読んだ若い人たちみたい。

　しかしヨークシャー在住のイーディスは、元気で独立精神旺盛な都会の若者の影響をそれほど受けなかっただろう。ロンドンは遠すぎる。刺激が強すぎる。イーディスとは無縁の世界だ。実家にしばりつけられたイーディスの頭のなかは、ストララン卿との結婚のことでいっぱいになる。しかし、娘思いの父ロバートは、この考えには賛成ではない。ストラランは歳をとりすぎていて、この先、世話が必要になるばかりだからだ。ロバートは元気で才能ゆたかなイーディスに、ストラランの世話に明けくれる生活を送らせたくないと思っている。イーディスは自分にはもっと選択肢があることをわかっていない。

イーディス　年上すぎるから気に入らないの？若い人はみんな戦死したわ！　これじゃ、一生、独身だわ！

　カーマイケルは、イーディスがもっともわかりあえるのはバイオレットだと思っている。「イーディスの道徳観は、バイオレットゆずりだと思うの」しかし、イーディスは母方の祖母、マーサにも助けられる。イーディスとストララランの恋愛を応援するのは、バイオレットよりもむしろマーサだ。コーラも、この考えに反対ではない。邸で暇を持てあます孤独なオールドミスになるよりも、幸せな結婚をしてほしいと願っている。姉妹たちは、イーディスの目標達成にはあまり助けにならない。妹のシビルとは、姉メアリーよりは仲がいいが、シビルは自分の心配ごとで頭が一杯だ。メアリーとの関係は以前よりましになったとはいえ、まだ、たがいに敵対心を持っている。「不安や嫉妬が、イーディスを意地悪にするの」と、カーマイケル。「一度でいいから、メアリーを見くだしてやりたいと思っているのよ。だから、チャンスがめぐってくると、意地悪な気持ちを隠しきれなくなる。自分勝手な欲望が前面に出ると、それをうまく隠せないし、メアリーが優越感たっぷりの表情をすると、反応せずにいられない。それでも、やっぱり愛しあってはいるのよ。イーディスはどうしても張りあってしまうけれど」
　戦前、メアリーはことごとくイーディスをやりこめた。とくに、容姿のことになるとそうだった。相続人だったパトリック・クローリーと婚約できたのも、美貌のおかげだとわかっていて、いつも美しさをひけらかした。パトリックに愛情があったわけではない。だが、メアリーはイーディスがパトリックを想っていることを知っていた。謎めいた負傷兵"P・ゴードン"がダウントン・アビーに現われ、長らく行方不明になっていたパトリック・クローリーだと名乗ったとき、ふたたびイーディスにチャンスが訪れたかに見えた。もちろん、残念ながら、パトリックはすぐに姿を消す。しかし、少なくともイーディスはあわれではなかった。小作人のドレイクとキスをしたり、"P"やストラランと心が通じあったりしたことで、イーディスは望まれることがどういうものなのかを知った。これが以前にはなかった自信になり、シーズン３の服装にもそれが表われている。
「以前のイーディスにはぎこちないところがあったけれど、このシーズンで

は、自信をつけたイーディスに自分らしさを持ってもらいたかったの」と、コスチュームデザイナーのキャロライン・マッコール。「彼女の衣装は今までよりも、少しだけ実用的よ。とくに昼間の衣装はね。ローラ・カーマイケルが気に入っていた衣装があるわ。濃い琥珀色のシンプルな七分袖のブラウスよ。スクエアネックで、ウエストに刺繍があるの。これに、さらに濃い琥珀色のストレートのスカートを合わせたわ」この時代のスカートはストレートが多く、以前のようなAラインではないが、実際に身につけると感じよく見える。もうひとつのお気に入りは、ギリシャふうのドレスだ。「流れるようにゆるやかなシルエットの珊瑚色のドレスで、ウエストにはロープベルト、裾にはビーズ飾りがあるわ。シルクの上にシフォンを重ねてあるの。ダブルレイヤードはこの時代の流行だけど、基本的にはとてもシンプルなドレスよ」女性のファッションの仕上げにかかせないのは帽子で、幸運なことにイーディスは「クラウンが低くてつばの広い帽子がとてもよく似あう」。

ロバート　末は看護婦だな。イーディスは50歳になるころには、片腕が不自由な年寄りの世話で大忙しだ。

イーディスが一生、結婚しないのかどうか、まだわからない。イーディスがどう考えようと、夫だけが彼女の頼みの綱ではない。イーディスは孤独なキャラクターかもしれないが、人気がないわけではない。ピアノが得意で、おしゃれに熱心で、階級と地位に対する意識が高い（使用人と親しくするが、信頼するほどではない）。もっとも重要なのは、いつでも自分で立ちあがることができ、自分を叱咤し、まっすぐ前を向いて進めるということだ。どのキャラクターよりも、新しい機会から多くのことを得る。機会さえあれば、イーディスはほんとうに変わることができて、古い伝統から逃れ、教えこまれてきたのとはまったく違う人生を歩めるだろう。監督のブライアン・パーシヴァルはこう言っている。「イーディスはすばらしい女性だよ。ぼくのお気に入りのキャラクターだ……未知の部分がたくさんある。女性にとって大変化の時代が来たわけだから、そろそろイーディスが意志の強い大人に成長してもいいころだ」イーディスにとって、終戦は未来の始まりだ。

戦後、イーディスもほかの英国女性と同じように、今まで以上に自由を謳歌した。ロンドンのおばを訪ねたことが、自信を持つきっかけになった。

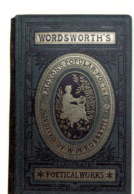

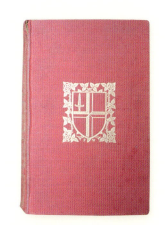

ベッドサイドに置かれるクッキー入れは、優雅な上流社会の暮らしの象徴だ。クッキー（たいていはプチブールと呼ばれる小さなバタークッキーだった）は"真夜中の空腹"を防ぐためのものだ。しかし、ある新聞記事は"歯医者を喜ばせるだけ"だと書いた。「夜中にクッキーをかじることほど、歯に悪いことはない」

料理長パットモアと厨房メイドのデイジー

EGGS, POACHED.

cream or milk, butter, 1 teaspoonful of finely-chopped parsley, cayenne, salt and pepper.

METHOD.—Add the parsley and a little pepper to the ham. Coat 4 small deep patty-pans thickly with butter, over which sprinkle the ham preparation, then add an egg, breaking them carefully so as to keep the yolks whole. Season with salt, pepper, and cayenne, add a teaspoonful of cream, and place on the top a morsel of butter. Put the tins in the oven in a sauté pan, surround them to half their depth with boiling water, and poach until the white is firm. When ready, turn the eggs carefully out of the tins on to the toast, and serve.

TIME.— 15 minutes. AVERAGE COST, 1s. 2d. to 1s. 4d. SUFFICIENT for 4 persons. SEASONABLE at any time.

EGGS, POACHED, WITH SPINACH.

INGREDIENTS.—6 eggs, 1 pint of spinach purée, either fresh or tinned, 1 oz. of butter, 1 tablespoonful of brown sauce, 1 teaspoonful of lemon-juice or vinegar, nutmeg, salt, pepper, and sippets of toasted bread.

METHOD.—Prepare the spinach purée, place it in a saucepan, add the butter, a good pinch of nutmeg, salt, pepper, and the brown sauce, and make thoroughly hot. Meanwhile, poach the eggs and turn them neatly. Turn the spinach on to a hot dish, flatten the surface lightly; upon it place the eggs and garnish with sippets of toasted bread. Serve good gravy or brown sauce separately.

TIME.—20 minutes after the purée is made. AVERAGE COST, 1s. 4d. SUFFICIENT for 5 or 6 persons. SEASONABLE at any time.

EGGS, POACHED, WITH TOMATO SAUCE.

INGREDIENTS.—6 eggs, 4 ozs. of rice, 1 oz. of butter, ¼ pint of tomato sauce, about ½ pint of stock, salt and pepper.

METHOD.—Wash and drain the rice, add it to the boiling stock, cook gently until all the stock has become absorbed, leaving the rice soft and dry, then stir

EGGS, SCRAMBLED.

in the butter and season to ta Poach the eggs until firm and t them neatly. Arrange the rice lig on a hot dish, place the eggs upon and pour the hot sauce round serve.

TIME.—1¼ hours. AVERAGE C 1s. 4d. SUFFICIENT for 5 or 6 pers SEASONABLE at any time.

EGGS, SAVOURY.

INGREDIENTS.—4 eggs, 4 round buttered toast, 2 ozs. of finely-chop cooked ham, 1 teaspoonful of fin chopped parsley, salt and peppe

METHOD.—Butter 4 small c ramakin cases or dariol moulds, coat them thickly with ham and p ley, previously mixed together. B an egg carefully into each case, sprinkle them with salt and pep Bake or steam until firm, then t them on to the prepared toast, serve.

TIME.—10 to 15 minutes. AVER COST, 10d. SUFFICIENT for 3 persons. SEASONABLE at any tim

EGGS, SCOTCH.

INGREDIENTS.—3 hard-boiled e ½ lb. of sausages, 1 raw egg, br crumbs, frying-fat, fried parsley croûtes of fried bread.

METHOD.—Skin the sausages, them together and divide into 3 e parts. Shell the eggs, enclose the the sausage-meat, coat with egg breadcrumbs, and fry in hot fat, w should be sufficiently deep to c them. Drain well, cut them in hal dish them on the croûtes, and s garnished with parsley. Tomato sa frequently accompanies this dish.

TIME.—½ an hour. AVERAGE C 1s. to 1s. 3d. SUFFICIENT for 3 persons. SEASONABLE at any tim

EGGS, SCRAMBLED.

INGREDIENTS.—4 eggs, 2 slice buttered toast, 1 oz. of butter, 2 ta spoonfuls of cream or milk, salt pepper, chopped parsley.

METHOD.—If liked, round, ov triangular croûtes of toasted bread be used, but for ordinary purposes slice of toast may be trimmed an

FISH.

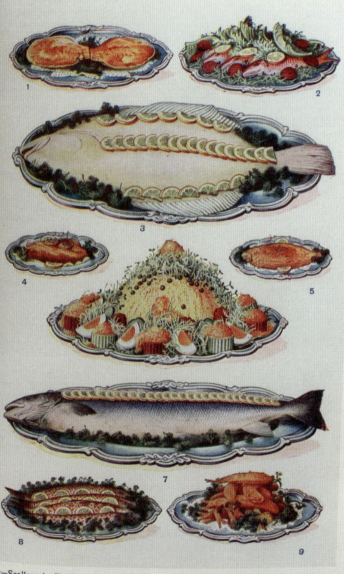

1—Scallops in Shells. 2—Red Mullet. 3—Turbot. 4—Cod Steak. 5—Fried Sole. 6—Mayonnaise of Salmon. 7—Salmon, Boiled. 8—Brown Trout. 9—Smelts.

パットモア　終わったら、さっさと寝て。
デイジー　寝たくなったら、寝ます。
パットモア　おやまあ。よい子のデイジーらしくもない。
デイジー　新しい厨房メイドはどこにいるんですか？　入れてくれるんですよね？

　終戦とともに、邸の階下にも変化が訪れた。製作総指揮のギャレス・ニームは、デイジーのような人々にも変化が起こりつつあることを示したいと思っている。「シーズン1から、伯爵家の人々を描くだけでなく、使用人、とくに若手の使用人が恋愛や出世を求める姿、その経験により成長する姿を描こうとしてきた。たんにキャラクターたちが野心を示して昇進を求めるだけでなくて、使用人たちの役割の変化を利用して、物語を発展させたいんだ」デイジーは従順な料理人助手だが、立場を改善したいと目覚めて自己主張しはじめ、権利を手に入れるために果敢にも口答えをする。
　デイジーは、取るに足らない下っ端として扱われる。「デイジーはつらい子ども時代を送ったでしょう」と、ジュリアン・フェローズ。「下層階級の生まれ育ちです。デイジーとカーソンのあいだには、カーソンとグランサム伯爵のあいだよりももっと大きな隔たりがあります。カーソンと伯爵は社会を動かす階級の中でも上層の出身で、デイジーは、そうではない下層の出身です」実際、デイジーは料理長パットモアに救われたようなものだろう。「身寄りのないデイジーをかわいそうに思って、ダウントン・アビーに入れたのでしょう」と、ジュリアン・フェローズ。しかし、デイジーはだれにも注目されない。部屋にいてもほとんど気づかれないぐらいだ。おかげで、あるとき邸の後ろ暗い秘密を知り、迷信深いデイジーはひどくおびえた。
　デイジーは、いずれは今よりもパットモアと協力しあって働きたいと望んでいる。料理を任されたいし、この数年経験した単調な雑用から卒業したい。コスチュームデザイナーのキャロライン・マッコールは、この気持ちがデイ

ジーの服装にも表われていると言う。「デイジーは大人っぽくなりたいと努力しているの。そこで、薄い色の服から大人っぽい濃い色の服に変えたわ」しかし、マッコールの努力は無駄かもしれない。「きっと、だれも気づかない」デイジー役のソフィー・マックシェラが言う。「デイジーはすわることを許されず、いつも立っているの。すごく疲れるわ。ときどき、新しい3人目のディレクターが"そっちですわってて"って言ってくれるから、"はい！"って言いそうになるけど、ゆっくりすわっている暇なんてないの」カントリーハウスの料理人には有名ホテルの厨房で修業した者もいるが（たとえば、ウエスト・ワイクーム・パークのダッシュウッド家の料理長ミセス・マッケイは、リッツ・ホテルで修業をした）たいてい料理人は下働きから始める。デイジーは結婚して退職しないかぎり、料理長への道をのぼっていく。

正確には、デイジーをメーソン夫人と呼ばなくてはならない。ウィリアム・メーソンの死の直前に結婚したからだ。しかし、ウィリアムを愛していなかったデイジーは、これを偽りの結婚だったと感じ、自分を愛してくれたウィリアムに申し訳なく思っている。かわいそうなデイジーはうぶで、純真だ。恋にあこがれていて、片思いばかりしている。初めは、トーマス（あきらかな理由から、これは叶わぬ恋だ）。そして、新入りの下僕アルフレッド・ニュージェント。デイジーが行動を起こすのは難しそうだ。しかし、デイジーは休日にヨークの映画館に出かけ、勇気づけられたかもしれない。もし、デイジーがハリウッドの有名女優リリアン・ギッシュと俳優ロバート・ハーロンが主演した1919年の映画『スージーの真心』を観たとすれば。この人気映画では、ギッシュ演じる平凡でひかえめな女の子が、さっそうとしたハーロンに恋をする。ハーロンは大学に入り、世慣れた女性と結婚するが、のちに死別し、最終的にふたりは結ばれる。

デイジーを監督するパットモアは、こんな夢物語にあこがれたりしない。長年ダウントン・アビーで働いているので、だれに対しても無遠慮だ。ボーア戦争と第一次世界大戦でたくさんの知り合いの男性が犠牲になっただろうし、そのあいだにたくさんの厨房メイドの面倒を見てきただろう。今ではパットモアの心配ごとは厨房のことにかぎられるようになり、やきもきするのはスフレがふくらまないときや、下僕が違うソースを食堂に持っていったときぐらいだ。外の世界がどう変わろうと、パットモアにはほとんど影響がない。「パットモアは、あの時代の典型みたいな人物ね」とパットモア役のレスリー・ニコルが言う。「仕えている家族と仕事仲間に忠実で、仕事に誇りを持ち、しかも有能」

だからといって、パットモアが外界から守られて安全に暮らせたわけではない。これは、ほかの使用人も同じことだ。とくに、戦争は彼らの暮らしに

デイジー　煙突が詰まっているみたい。オーブンが熱くなりません。
パットモア　道具のせいにするんじゃないよ。

影を落とした。パットモアの場合は、甥アーチーを亡くし、嘆き悲しんだ。使用人は家を出ると、家族に会えるのはせいぜい年に1度か2度だ。それもあり、子ども時代の思い出を大切にしているだろう。郷愁は、強い感情だ。だからこそ、年配の使用人は過去の生活様式と古いやりかたを好むのだろう。

若い使用人は、変化する世界とその影響に対してもっと柔軟だ。ひとつには、前の世代よりもよい教育を受けたからだ。田舎育ちで労働者階級の最下層出身のデイジーですら、かなりきちんとした学校教育を受けた。1870年代、80年代以降、すべての子どもに文字と数字を教えようという大きな一歩があった。デイジーは母親とは違って、おそらく少なくとも10歳まで無償の義務教育を受けただろう。おかげで、読み書きと簡単な計算ができる。タブロイド紙を読めるだけでも、自信になり、野心を持つ励みになるだろう。

デイジー　手伝ってくれる人がいなくて、わたしはいつも大忙しです。
パットモア　もうちょっとお待ち、デイジー。もうちょっとだよ。

厨房という王国の管理者として、また厨房の使用人の統括者として、パットモアは使用人たちと一定の距離を置いている。厨房の使用人も、ほかの使用人とは別に厨房で食事をとる。家政婦長ヒューズとはいつでも個人的な相談にのる関係であり、責任感の強い執事カーソンに尊敬の念をいだいている（とはいえ、カーソンのことを堅物だと思っている）。しかし、パットモアはたいていひとりでいるか厨房の使用人と一緒にいて、ほかの使用人とはあまりまじわらない。とくに、オブライエンとトーマスにはかかわらない。ふたりに関して、パットモアは賢明で皮肉な見かたをする。「パットモアは個性が強くて、嫌味っぽいときもある」と、ニコル。「でも機知に富んでいて、それを効果的に使う。わたしの故郷のノースウエストには、こういう人がいたものよ。飾らなくてまっすぐな、おもしろいおばさんが」

階上の人々に対しては、パットモアはグランサム伯爵ロバートの前で滑稽なくらいにびくびくする――パットモアを緊張させるのは、伯爵だけだ。伯爵夫人コーラと接するときは、そこまで緊張しない。毎日のようにメニューについて話すからだ。それでも、コーラは不意に階下に行かないようにして

いる。また、料理人が決まった時間に昼食や夕食を準備するのが当然のことであるように、家族が時間どおりに食事をすることも当然とみなされていた。二度の大戦のあいだに複数のカントリーハウスで厨房メイドとして働いたアイリーン・ボルダーソンは、家族がときどき食事に遅れるぐらいなら問題にしないが、あまり頻繁だと"夫人に伝えられた"と当時を振り返った。

　若くて好奇心旺盛なデイジーは、邸の人々ともっとかかわりあう。家族の起床前に階上の寝室に火をおこすことから厨房の仕事まで、デイジーは邸じゅうで仕事するので、だれも知らない秘密に気づくことがある。家族の就寝の習慣（伯爵夫妻が毎晩、ベッドをともにするのを知ったときは、驚いただろう）だけではない。最大の秘密は、コーラとメアリー、アンナがケマル・パムークの遺体を客用の寝室に運ぶのを目撃したことだ。「あの広い邸で、デイジーはだれよりも早く起きます」と、ソフィー・マックシェラ。「いつも想像するの。不思議な雰囲気だっただろうなあって」

　デイジーが昇進を望んでいることは理解できる。厨房メイドは使用人のなかでいちばん下の地位だけあって、その仕事は面倒なことばかりだ。邸のなかで雑用があるとき以外は、厨房から出ることはない。食事も、使用人ホールではなく厨房でとる。調理の準備と鍋磨きは終わりのない仕事だ。ジャガイモの皮むきはたいへんだし、もっとぞっとする仕事もある。流し場は臆病者には務まらない仕事場だ。1920年代初頭に厨房メイドとして働いていたミリー・ミルゲイトは"鶏をさばいて"と頼まれてうろたえた。さばきかたを知らないと言うと、料理人に顔をひっぱたかれ、流し場に連れていかれたという。「そこでさばきかたを教えられました。ヌルヌルするし、においはきついし、もう吐きそうです。何度もせっつかれて、泣く泣くさばきました。料理人に"こんなことぐらいなんだね。じきに、1カ月つるしておいた猟鳥もさばいてもらうからね"と言われました。数日後、ウサギを投げつけられ、皮をはぎ、内臓を取りだすのを覚えさせられました。そのとき、二度とやるものかと誓ったのです」（ミリーはその後すぐに退職し、ハウスメイドになった）

　家政婦長ヒューズが試しているような便利な道具がどんどん出てきたにもかかわらず、厨房の機械は進歩がなかった。洗い物には相変わらず軟石けんが使われた。だが、銅鍋は別だ。銅鍋は塩と酢、砂、小麦を混ぜたもので磨かなければならない。混ぜあわせて手でこすりつけて磨くと、銅がピカピカになる。だが、かなりの犠牲をともなう。厨房メイドはみな、手がひび割れてあかぎれだらけになると言って嘆く。そんな手でほかの仕事をすると、ますます手がヒリヒリ痛む。最悪なのは、1日分の塩を用意するときだ。大きな塩のかたまりをふるいでこすらなければならないのだ。「当時は、なにご

仕事を切り盛りするのに大忙しのカーソン、ヒューズ、パットモアは、大変なときは助け合う。

とも今よりもずっとたいへんだったのよ」と、マックシェラ。「かたくて、重くて、時間がかかる。初めて洗い物の箱を持ったときは、あまりにも重くて手が赤くなったほど。それに、デイジーって、いつでもみんなにどなられるの」

　当時は豪勢なもてなしが頻繁に行なわれ、邸が客に出す食事は、名声と評判の重要な要素だった。それは料理人の腕しだいだ。料理人にとっては、時間との戦いだった。厨房に立つのは日に6回——そこに、イレブンジズと呼ばれる軽食とお茶が加わる——しかも、厨房は狭く、一日じゅう火がつけられた大きな石炭レンジからムッとする熱気がはきだされる。貴族の食卓にのるごちそうがこんな環境で作られていたとは驚きだ。

　戦争が終わっても物資不足が続いた。バターと砂糖は配給のままで、食料はおおむね値上がりした。概算で食料は1914年から20年のあいだに155パーセントも値上がりした。ダウントン・アビーのような自家農園と家畜、壁に囲まれた畑を持つ所領では、その影響をあまり受けずにすんだ。パットモアの得意料理はトリュフ風味の卵をのせたトースト、ロシアふうの牡蠣、ロブスターパイづみのムースリンソース、サフラン入りシャンパンビネガーソースのアスパラガス・サラダなどだ。材料不足のご時世でも、これらは見栄えがした。

　そのころ人気のあったフランス料理は、パットモアとデイジーに自分たちの教育のなさを感じさせ、複雑な気持ちにさせただろう。当時、料理の名前、下ごしらえや調理法の名前など、カントリーハウスの厨房で使われる単語の多くは、フランス語だった。マーガレット・トーマスは、若いころ毎日の調理や下ごしらえを知るために、"石板を読めるようになりなさい"と言われたと振り返った。料理人と女主人がメニューの相談をしたあとに、女主人から石板を"渡され"るのだが、それはフランス語で書かれていた。「毎日、午後は料理の本を勉強して、やっと仕事で使うフランス語がわかるようになりました。その本には料理の名前がフランス語と英語の両方で書いてありました」

　現代の視点で考えると、長い労働時間や、たえまないプレッシャー、劣悪な労働環境（とくに夏場）にもかかわらず、使用人がよく長く勤めたものだと思う。ハウスメイドや厨房メイドには、数年働いたあと結婚退職する者が多いが、ミセス・パットモア（料理人には、未婚でも、敬意をこめてミセスの称号が使われる）やデイジーのように——デイジーが料理人になる修行を始めれば——一生、厨房で働く者もいる。しかし厨房の使用人にとっては、探そうとしても、出口はそう簡単には見つからないだろう。わたしたちにはデイジーの未来（結婚と出世のどちらを選ぶのか）はわからない。パットモアは、歳をとって働けなくなるまでダウントン・アビーに残るだろう。"邸が世界そのものなの"と、ニコルも言っている。

家族と使用人のために日に4度の食事を作るには、綿密な計画が欠かせない。充分なコミュニケーションも必要だ。パットモアにとっての悩みは、材料を家政婦長ヒューズをとおして注文しなければならないことだ。

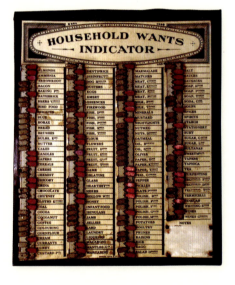

『ビートン夫人の家政読本（Mrs Beeton's Household Management）』のような本が、どこのカントリーハウスの厨房にも置いてあったが、腕のいい料理人は自分や厨房メイドが見やすいように、お気に入りのレシピをメモしておいた。デイジーは昇進のためにパットモアのレシピを勉強する。デイジーは時代の流れから勇気を得た労働者階級の娘のひとりだ。若い厨房メイドがこんなふうに回想している。「ナンシー・アスターが当選して、女性にとって、すべてがいい方向に進もうとしていました」

マシュー・クローリー

爵位と所領の相続人

　農業収入は1920年までの50年間に下がりつづけた。戦争中に穀物の価格は人為的に上げられたが、これは終戦とともに変わる。戦争中でも、農業賃金の引き上げを埋め合わせできるものではなかった。ダウントン・アビーのような大きな所領は、利益を生むために注意深くて革新的な運営を必要とした。

マシュー　ふたりきりで過ごしたい。だれにも邪魔されずに、もっとよく知りあいたい。
メアリー　邸(やしき)はこんなに広いのよ。
マシュー　すばらしい邸だ。でも、きみの家だ。ぼくも我が家だと思えるようになりたい。

　マシュー・クローリーはめまぐるしい変化のなかでも、まっすぐに進もうとする男だ。中流階級の医師のひとり息子としてマンチェスターで生まれ育ち、弁護士として働くマシューは、普通の暮らしをするつもりでいた。そこそこ働いて、平凡な女性と結婚して家庭を持てればよかった。ところが、突然、伯爵家の相続人の役割を押しつけられ、広大な邸と所領を相続することになる。そのうえ、平凡にはほど遠い、貴族の令嬢と恋に落ちる。マシューは善良で、正義感にあふれ、道徳的なタイプだが、新しい環境では正しいと思うことを言いにくいと感じる。もはや、マシューが直面しているのは、なにが正しいかという問題ではなく、"どっちの正しいこと"をするかという問題だ――現代の男性としての信念をつらぬくか、伝統的な貴族の信念をつらぬくかということだ。
　思いがけず、ダウントン・アビーの相続人となったことが、別世界への扉を開き、メアリーとの出会いがあった。こうして、ラブストーリーが始まり、ハッピーエンドにたどり着くまでに、幾多の障害にぶつかる。メアリーは財産のために求婚を受け入れたのではないかと悩んだマシューは、メアリーとの婚約を解消した。その後、自分を純粋に愛してくれるラビニア・スワイヤーに求婚したとき、マシューはそれを正しい決断だと思った。しかし、ラビニアはマシューとメアリーのキスを目撃した直後に亡くなる。マシューはラビニアが傷心のために亡くなったと考えた。そのため、マシューは自分を許せないのだと、マシュー役のダン・スティーヴンスは説明する。「どうしても、ラビニアのことを思い出してしまうんだ。避けられないことだったのに、ラビニアの死に責任を感じて、気持ちの整理がつくまで、長い時間がかかっ

た」実際、マシューはメアリーを愛しているにもかかわらず、罪悪感に悩まされ、メアリーとふたたび結ばれるまでには、時の流れと母イザベルの説得が必要だった。しかし、いったん進展があると、マシューはふたりにとって最善をつくそうと決断する。

マシュー　結婚式が楽しみ？
メアリー　あなたは？
マシュー　楽しみだよ。式のあともね。
メアリー　恥ずかしいわ。

　マシューが浮かれた気分で恋愛を楽しむのを見るのは、おもしろい。マシューは、しじゅう罪悪感にさいなまれているので、楽天的な青年にはとても思えないからだ。メアリーと一緒に気楽な時間を楽しむことに慣れる必要がある。ふたりの結婚は、マシューがいよいよグランサム伯爵家の一員になることを意味する。それは、馴染みのない、居心地の悪い流儀でふるまうことでもある。
　マシューは、1920年代に高まった古い世界と新しい世界のあいだに存在する緊張感の象徴だ。シーズン3が始まるまでには、マシューはダウントン・アビーと、そのやりかたに慣れた。しかし、変化させるきっかけを見つけていた。この変化を求める気持ちは社会政策の影響からでもあるが、戦争の影響はもっと強い。邸の関係者で、戦争から戻ってきて肉体的に回復できたのはマシューだけだ（トーマスは手に傷が残り、ウィリアムは怪我がもとで亡くなった）。このことが大きな心の負担になり、マシューはひとりで悩む。戦争に行った者のほとんどは、一般の人と戦争体験について話しあう気もないし、話しあうこともできないが、マシューも同じだ。帰還兵は単純に"英雄"とみなされ、英雄としてふるまうことを期待された。それだけで充分だった。だれもが、戦争の恐怖を忘れて、前進したがった。
　それでも、4年間の塹壕戦の過酷な経験から逃げることは難しい。戦争から生還したマシューは、自責の念と後悔の入りまじった複雑な気持ちになりやすい。いわゆる"生存者の罪悪感"だ。また、前線で恐怖を経験した者すべてに言えることだが、予期せぬときに悪夢と記憶が蘇って日常生活に支障をきたす恐れがあった。詩人のロバート・グレイブスは、ドイツ軍の砲弾が

炸裂する夢を見て悲鳴をあげながら目覚めたことや、突然、見知らぬ人が戦死した友人に見えたり、電話のベルでパニックになったりすることを書いた。

今でこそ、これらの反応は外傷後ストレス障害（PTSD）として認知され治療されるが、1920年代の帰還兵にとっては、ほとんど知られざる暗い事実だった。帰国して元の生活に順応しようとしている何百万人もの男が、同じ症状に苦しんだ。パニック症状は現われていないが、マシューはそういった感情が心の奥にあることを自覚しながら生きていかなければならない。

前線における将校の平均余命は6週間なので、帰還して一生治らないと思われた脊椎下部の麻痺から回復したマシューはたいそう幸運だ。さらに、莫大な財産を相続する見込みがあり、愛する女性との結婚もひかえている。

それでも、マシューは気楽ではない。マシューは未来のグランサム伯爵としての役割に責任を感じている。社会的公正をよいものだと信じるように育てられたので、なんでも使用人にやってもらうことになかなか慣れない。質素な暮らしを望んでいるのに、貴族の義務は雇用を提供することだと教えられる。マシューは自分は小作農にとってよい地主になれるだろうと思っている。しかし、ほかの使用人にとってはどうだろう？　マシューはカフスをつけてくれる従者より、土地を耕す小作人を雇いたいと思う。しかし、居心地が悪いという理由で使用人を解雇して失業に追いこんでよいだろうか。

マシュー　スワイヤー氏がぼくを相続人にしたのは、ぼくを娘の恋人だと思っていたからだ。
メアリー　実際に、そうだったわ。
マシュー　ああ。でも、ぼくのせいでラビニアは亡くなった。スワイヤー氏はそのことを知らなかった。遺産は受け取れない。

ロバートの投資が失敗したことで危機にさらされているダウントン・アビーの将来については、マシューはダウントン・アビーの救済より自分の主義を優先した。メアリーにはそれが理解できない。ラビニアの父、レジナルド・スワイヤー氏に相続人として指名されたとき、マシューは驚いた。ラビニアとの別れかたに罪悪感を覚えていたので、遺産は受け取れないと考える。

マシュー　もっと質素な暮らしがしたい。

マシューはかたくなに相続を拒むが、それと同じくらい熱心にメアリーは受け取ってほしいと望む。メアリーやメアリーの階級の人にとっては、一族への忠誠心や、先祖から受け継いだ邸宅を救うよりも自分の気持ちを優先するのは受け入れがたいことだった。

しかし、先行きの不安な未来に直面すると、メアリーよりもマシューのほうが、避けられない変化を予測し対処することができる。戦後、相続税と収入税のおかげで生活が苦しくなった英国貴族が現われ、伝統的な地位を守るには農業と地代で生計を立てる以外の戦略が必要だということが、ますますはっきりした。相変わらず、金持ちとの結婚はよくある選択だったが、上流階級はだんだん自分でお金を稼ぐようになり、実業界、金融、植民地の運営、専門的職業に目を向けた。ビューリーのモンタギュー卿がこんなふうに回想している。「変化する時代に刺激を受けて、個人が新しい分野に進出しはじめた。しばしば貴族が庶民のひとりとして、ステージや映画、ジャーナリズム、運転、探検の分野に進出した」

この点で、マシューはその動きに逆行しているとはいえ、ふさわしい場所にいた。マシューは弁護士として働いてきたが、今では、技術と将来の展望と専門職を持つ、土地つき貴族としての責任を負っている。不思議なことに、法律と貴族には強い関係があったにもかかわらず（19世紀には、所領の運営や政治的役割をになう準備として、法律を勉強する貴族の長男が多かった）、マシューの時代まで貴族が弁護士になるのは、かなりめずらしいことだった。弁護士業の専門性と規則のため、多くの貴族が断念し、法律は完全に中流階級のものだった。以前とは違い、マシューがダウントン・アビーを新しい時代に導くにあたっては、弁護士という職が実際に役立つように見える。

さらに、戦争から帰還したマシューは、現在起こっている社会の進化をよく理解している。塹壕のなかで戦った兵士の多くは、遠くから命令するだけの無能な将軍への敬意を失った。兵士たちは、実際に自分たちを率い、ともに塹壕で過ごした若い上流階級の将校に敬意をいだいていたが、身近で接したことで上流階級の神秘性が小さくなった。戦争中に、古い礼節の多くは失われ、これが社会のすべての階層に影響を与えた。ロバートは本能的にジョージ5世を手本にしただろうが、マシューは同じことをしないだろう。実際、マシューはロバートを愛してはいるが、どれぐらいロバートに頼るのかは疑わしい。マシューは、ロバートの優先順位は、現状を改善することよりも、むしろ維持することだとわかっている。

それでも、ほかの点ではふたりは仲がいい。マシューは幼いときに父を亡

くし、ロバートには息子がいない。そのため、ふたりは親子のような関係を築くことをうれしく思っている。最初は、マシューのほうに遠慮があった。貴族の世界での自分の立場をわかっていたし、ロバートの考えかたに疑問を感じていたからだ。しかし、未来の義理の父であるロバートが善良で親切な人物だとよくわかっているし、それが彼にとってなにより大切なことだ。所領を引きつぐからには、ロバートのような公正な領主になろうと決めている。しかし、当時としてはめずらしいことだが、マシューはロバートよりも効率を重んじて直接的にかかわる領主になりそうだ。

　メルフォードのレディ・ハイド・パーカーの夫は自分の土地を耕し、そのことでかなり批判された。「近所はその噂で持ちきりでした。"聞きましたか？　ウィリー農場のこと。自分で耕しているそうですよ"」土地所有者層の者が農業にたずさわり、多額のお金が浪費されたとわかるのはショックだっただろう。第一次世界大戦後に、ジョン・ダッシュウッド卿とレディ・ダッシュウッドがウエスト・ワイクーム・パークを引き受けたとき、農場は何年も放置されていて荒れ放題だった。ふたりは農場を立てなおそうと決め、これまでの運営を検証して無駄を省こうと決心する。しかし、すぐに、運営らしい運営がなかったために深刻な問題に発展したのだと気づいた。「わたしはしっかりした基礎の上に一族の資産を築くべきで、どうなっているのかを調べ、あらゆる無駄を止めなければならないと言いました。6人も庭師がいて、キャベツしか植えていない。広い土地なのに、一銭も生みだしません。わたしたちは支出をくまなく調べ、そういった不正を見つけました。とくにひどかったのは、代理人と弁護士がジョンに所領の利益は年1200ポンドと言ったことです。わたしには、その金額が正しいかどうかわかりませんでした。お金にはうとかったのです。でも、ちゃんと調べると、代理人は2800ポンド、弁護士は3200ポンドも手に入れていました。まったく納得のいかない話です！」

メアリー　大丈夫？　ずいぶん集中しているのね。
マシュー　復職する前に、遅れを取りもどしたくてね。

　ダン・スティーヴンスは、マシューが正式に相続する前から責任を与えら

れている点を評価する。「マシューに法律の知識があるので、ロバートはマシューが目新しいやり方を持ちこむことに期待しているんだ。それに、マシューは若い世代だから、ものの見かたが新しい」しかし、もちろん、マシューは悩んでいる。「マシューはちょっと気を遣っている。ロバートの感情を害したくないんだ。ロバートから所領をもぎ取るつもりもない」と、スティーヴンス。しかし、メアリーに対するのと同じように、いったん決定がくだされると、マシューは精一杯、取り組む。「ロバートの理解を得ていざ取りかかると、マシューは能率よくことを進める。難しい決断もくだした。マシューは冷たいのではなくて、先見の明があるんだ」と、スティーヴンス。

厳しい時代だった。情け深い領主は小作人が払う地代を値上げしたくなかったかもしれないが、農業賃金はたびたび下げられた。ノーフォークでは1920年から22年のあいだに、週給46シリングから25シリングに下げられた。ヒューズのように家事労働を効率化する器具を喜んで使いはじめた人がいるいっぽうで、農作業はおもに昔ながらの方法で行なわれた。領主チャールズ・ブロックルバンクの夫人がこう回想している。「そのころは、ほとんど機械化されていなくて、農場には風車ポンプが置いてありました。トラクターを使ったのは1920年代に入ってからです。収穫期には、男の子が馬が引く荷馬車の上にのって、大人の男に合図したものです。そんなやりかたでした。"まだ、まだ"というかけ声が、ケンブリッジシャーのあちこちの農場から聞こえました」

将来、マシューは趣味で農業をやるかもしれないが、今のところは弁護士なので、それらしい服装をする。シーズン3では、衣装部はマシューのために、カントリー・ウェアも取り入れた。「ツイードの服を着ると、マシューはロバート役のヒュー・ボネヴィルを若くしたみたいに見えるわ」と、コスチュームデザイナーのキャロライン・マッコール。「腕のよい仕立て屋が重視された時代だったの。マシューのためにたくさんスーツを作ったわ」もっとも重要なのはブラックタイ──現代人にとってはマシューがもっともすてきに見える服装だ。「当時、家族だけのディナーでは、ブラックタイが許されました」と、マッコールが説明する。「当時のスタイルを正確に再現したかったの。すらっと見えるように、ジャケットのウエストをしぼり、ズボンのプリーツはシングルにしたわ」プリンス・オブ・ウェールズ（のちにエドワード8世として短いあいだ王位についたあと、離婚経験のあるウォリス・シンプソン夫人と結婚するために王位を放棄した）は当時のファッション・リーダーで、若者の手本だった。そのころは、昼の服装にはソフトカラーと幅広のシルクタイが好まれた。

ロバートはマシューを爵位の後継者としてふさわしいと思うようになった。マシューは義父ロバートとは違う見かたをする部分もあるが、基本的にはロバートと同じように、ダウントン・アビーの未来を望んでいる。

マシューの挑戦は終わっていない。結婚生活を思い描いて胸を躍らせてはいるが、マシューとメアリーは楽な航海ではないと覚悟している。ブライアン・パーシヴァル監督は、結婚後もふたりの関係がわたしたちを魅了しつづけると信じている。「この結婚はうまくいくのか、という疑問が残っているからね。なにしろ、メアリーは強くてはっきりした性格の持ち主だ。いざとなれば、ずるがしこく、計算高くふるまえるし、自分にとって最善のことをする。富と権力を重んじることも多くて、富や称号より道徳心を重視するマシューとはまるで正反対だ。違うところだらけだから、ぼくたちの興味は尽きることがない。いろいろな面で、ふたりは結婚しないほうがずっと楽な人生を送れただろう。でも、恋に落ちてしまったのは、自分ではどうしようもないことだった。これがぼくたちを魅了しつづけるんだ——つまり、ふたりはそれぞれ、自分の信念と相手への想いのあいだで揺れ動く」

　マシューとメアリーは、まだ結婚後の住居を決めていない。それは、暮らしかたにかかわる問題だ。もちろん、メアリーは実家であるダウントン・アビーで一生暮らせたらいいと望んでいる。しかし、マシューとしては、独立して暮らしたい。ふたりきりで、家族や使用人の目のないところで暮らしたいのだ。マシューの望みは、もっと質素な暮らし、形式ばった行為や伝統的な階級を考えなくてもいい暮らしだ。賢明なマシューは未来は明るいと考えているものの、未来は不安定で、はっきりとした答えがないということもちゃんとわかっている。当然ながら、この点をもっともよく言い当てているのは、ジュリアン・フェローズだ。「マシューはダウントン・アビーでの暮らしを快適だと感じるようになっても、その暮らしを続けるのは無意味だと考えています。しかし、たしかに、葛藤がありました。マシューは生き残りたいなら、変わるしかないという気持ちを表明している——そして、そのとおりなのです」

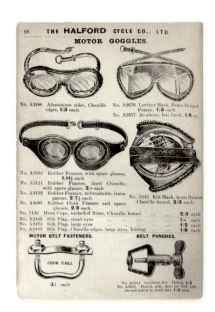

マシューはそのころ流行していたハンバーのオープンカーを買った。車の運転は、スマートで貴族的な余暇の過ごしかただと考えられてきた。C・S・ロールズ（ロールス・ロイス社の共同創設者）はランガタク卿の子息で、人気の自動車雑誌《カー・イラストレイテッド》は、ビューリーのモンタギュー卿が所有、発行していた。

アンナ・ベイツ

メイド長

収監者は手紙のやりとりを制限されていた。服役が始まった直後は、2カ月に1通しか手紙を書けない。しかし、ベイツのように模範囚として認められると、いわゆる"段階的処遇"が適用され、特権がしだいに増える。

June 1920

My dearest Anna,

If I have loved any one as much as you it is a lie. If I have done any thing my sweet that it was never intended.

Surely as I look upon this Book set Before me it contains information that will Be the key to your freedom.

Six weeks have passed since our last correspondance, how I wish to now why.

Forever yours Beloved,

John

ベイツ　一瞬たりとも疑わないのか？　疑っても当然なのに。
アンナ　まさか。太陽が東から昇るのを疑わないのと同じよ。

　アンナ・ベイツは希有な女性だ。自信があり、頼りになり、思いやり深く、忠誠心がある。心が広くてやさしいが、人の言いなりにはならない。愛する人たちのそばで正しいことをしようというかたい意志を持っているアンナは、ダウントン・アビーのだれからも尊敬されている。意地悪なオブライエンでさえ、アンナの仕事ぶりを認めていて、アンナにつらく当たることはない。トーマスだけはときどき悪意のあることを言うが、それはだいたいベイツに関することであり、アンナ本人のことではない。だが、アンナは夫を守るためなら、負けてはいない。
　もちろん、ベイツには守られる必要がある。夫が殺人罪の判決を受けるのは、新婚夫婦の夢とはほど遠い。しかし、アンナがベイツの無実を信じる気持ちはゆるがない。アンナはなによりも夫への忠誠心を大切にしている。アンナの夫への愛はゆるぎないと同時に危険でもある。もし、最終的に夫が有罪になれば、アンナに見る目がなかったことになる。しかし、ベイツがほんとうに無罪であれば、アンナは賢明だったということになる。いずれにしても、アンナはほかの人にまどわされてはならない。だが、アンナにその心配はない。
　ベイツがヨークの刑務所に収監されているので、アンナは妻としてベイツのために最善を尽くし、いろんなことを取り計らう。ベイツの亡き母の古い家は、すでにアンナ名義にしてあるので、アンナはヒューズとロンドンに行き、借家にする手続きをした。そういうところは、アンナが実務にもたけていて、人生でなにが起ころうとうまく折り合う力があることを示す。若いのに"精神的に大人だ"と、アンナ役のジョアン・フロガットが語る。「子ども時代にいろいろな経験をしたんだと思うわ。弟か妹を亡くしたのかも。彼

女は若いうちにたくさんのことを学んだのよ。苦難の乗り越えかたを、人生で学んだに違いないわ」アンナは自立心が強くてめったに人に助けを求めないが、人が困っているときにはいつでも手を差しのべる。実際、相手がだれであろうと、どんな状況であろうと、どんな悩みごとであろうと、親身に相談にのる。

　ヒューズほどの古株ではないが、アンナは地位が高いので、ほかの使用人よりも自由に邸の階下と階上を行き来できる。階下の若手メイドから階上のメアリーまで、邸のすべての人と真の信頼関係を築いている。イザベルとマシューの執事兼従者を務めるモールズリーは、ほかの人と接する時間が少ないが、アンナを憎からず思っている（気の毒に、モールズリーは恋と仕事の両面で、ベイツに邪魔をされたわけだ）。グランサム伯爵でさえも、従者であり友人である、苦労人のベイツの妻アンナに好感を持ち、心からアンナに同情している。ロバートの尽力にもかかわらず、ベイツは長ければ20年間、監獄のなかで過ごさなければならないのだ。

ベイツ　ほかにしたいこともあるだろうに。
アンナ　ないわ。あなたを救うことがいちばん大事。
バッキンガム宮殿のディナーに招かれるよりも。

　しかし、気丈なアンナは、刑事が見過ごしたことをあばくのは無理だとか、夫の無実を証明するのは無理だなどとは、一瞬たりとも思わない。1920年の後半には、アンナや邸の者を悩ませる話題が新聞の紙面をにぎわせた。ハロルド・グリーンウッドの公判だ。それは、不気味なまでにベイツの事件に似ていた。

　ウェールズのキッドウェリー出身の弁護士グリーンウッドは、若い女性と再婚するために、妻メイベルをヒ素で毒殺した罪で告訴された。1919年6月にメイベル・グリーンウッドが亡くなった当初は、死因は心不全と思われた。地元ではグリーンウッドと新しい妻に対する噂がいっこうに消えなかったため、警察がメイベルの死体を掘り起こして審問検死を行なう。メイベルの血液中から微量のヒ素が検出されたことにより、警察は"ハロルド・グリーンウッドによる"毒殺と断定し、グリーンウッドには有罪判決がくだされた。そののちの裁判で、グリーンウッドが日曜日のランチで、ワインにヒ素

を入れて毒殺したと告発された。

　グリーンウッドには、有名弁護士のエドワード・マーシャル・ホール卿がついていたので幸運だった（マーシャル・ホールが担当していたら、ベイツの裁判ももっとうまくいっただろう）。マーシャル・ホールは法医学的証拠を崩し、メイドの証言は正しくないと示し、グリーンウッドとメイベルの成人した娘も同じボトルのワインを飲んだのに具合が悪くならなかったと証明する。陪審は、しぶしぶ、無罪判決をくだした。しかし、地元ではグリーンウッドに対する悪感情が残っていたので、グリーンウッドは再婚した妻とともにウェールズを去り、改名して新生活を始めた。この事件はアンナにとっては、無実を証明することと、よい評判を保つことの難しさを思い知らせただろう。

ベイツ　そんなことをしてどうなる？
アンナ　そうね。次の手を考えても、同じことかも。その次も、そのまた次も。でも、いつかきっと手がかりが見つかる。そうしたら、手がかりを調べて、あなたの無実を証明するわ。

　真相を突き止めようとするアンナは、その年、発行された小説を読んでホッとしたかもしれない。『スタイルズ荘の怪事件』はアガサ・クリスティーの処女作で、名探偵エルキュール・ポアロが初登場する。ほかのことはさておき、その小説は、ものごとは第一印象どおりではないということをほのめかしただろう。真実を明かすには、知性と粘り強さが必要だ。そして、アンナはその両方を持っている。

　アンナは根気づよく調査を続けているものの、調査にかかりきりになれるわけではない。面会の回数がかぎられているので、仕事で気をまぎらわせられることに感謝しているだろう。メイド長として、アンナは伯爵家の令嬢たちだけでなく、侍女を連れていない女性宿泊客の世話も担当する（メイド長が既婚の女性宿泊客の世話をして、メイドが未婚の女性宿泊客の世話をすることになっていた）。イーディスやシビルとも打ち解けていたので、アンナはディナーのための着替えのときや、就寝前に20分間髪をとかすときに、

夫ベイツの無実を証明するため、アンナはベイツの前妻の知り合いを訪ねる。

令嬢たちとおしゃべりする。髪のセットはメイド長の重要な仕事であり、ウエストミンスター公爵夫人のロエリアは、こう述懐している。「なかなかたいへんでした。最初に髪をいくつかの束にしてリボンで結わえ、それから髪をふくらませたり、丸めたり、カールしたりして、サイドにつけた長いワイヤーにピンでとめます」おもしろいことに、当時の女性は、髪は切られると裂けたり"血が出たりする"と信じていて、ハサミで髪を切ったあとには、ロウソクの火で毛先を焼いた。

メアリーも、もちろんアンナと親しい。メアリーにとって、婚約者のマシューの次に気心の知れた相手だ。ふたりはわたしたちが知っている以上に同じ時間を過ごしたかもしれない。「ジュリアンに、子どものころは、一緒に遊んだかもしれないと言われたわ」と、フロガット。「少なくとも、会ったことくらいはあるだろうって。アンナは所領か、その近くで育ったのかもしれないわね」そうだとすると、アンナがけっして家族のことを話さないのは、わけがありそうだ。家族が近くに住んでいるのなら、なぜ、アンナの結婚式にも来なかったのだろう？　アンナはけっして家族の話をしないが、家族を捨てるようなタイプには見えない。家族がアンナを置いてどこかに行ったか、つらいことだが伝染病でみんな亡くなったか、アンナが秘密主義なのかのいずれかだ。3つ目がいちばん可能性がありそうに思える。アンナはとても親切だが、どこか世間と距離を置いているようなところがある。アンナとベイツはたがいを思いやり、打ち解けているが、ふたりとも世間から身を引いている。

メアリーはアンナとふたりきりになるときが、もっとも無防備だ。自分の寝室でケマル・パムークが亡くなったときに、まっさきにアンナに知らせたことからも、それがわかる。マシューとラビニア・スワイヤーの婚約を知ったときも、母と妹たちが部屋から出てアンナとふたりきりになったとたんに、メアリーは嗚咽を漏らす。だが、アンナのほうも同じ気持ちだろうか。「アンナはメアリーと親しいけれど」と、フロガット。「メアリーの世界は華やかなだけではないとわかっているわ。だれの人生にも悩みはあるものよ。レディ・メアリーと伯爵家が直面する問題はちっぽけなことではないはずだわ。邸と、生活様式と、伝統を守っていかなくてはならないんだもの。アンナは自分の世界のほうがよいと思っているのよ」

メアリーは結婚をひかえ、アンナを正式に侍女にしたいと考えるが、家政婦長ヒューズは代わりのメイド長を見つけられないので、今すぐアンナをメアリーの専任にはできないと思っている。今のところ、アンナは仕事を上手にやりくりしなければならない。それは簡単なことではない。ダウントン・

アビーのいたるところで、階級差が存在していて、メイド同士も例外ではない。20世紀初頭の下級メイドがこんなふうに回想した。「食事のときや、ランチやディナーのあと片づけをするために邸のなかを移動するときには、メイド——アリスと、エマとわたし——は一列に並んで動きました。扉まで来ると、わたしは先頭に出て扉を開けます。脇にどいて、ふたりが通った後に入りました」

　家事にも同じように区別があった。別の邸のメイドがこう説明している。「ご家族の昼食の最中に、わたしたちは応接間を掃除するのですが、きっちり担当が決まっていました。お邸には、メイドが3人いて、メイド長のアニーが新聞や雑誌を整理する係、二番手のフローレンスはクッションの埃を払って、灰皿を空にする係。わたしは三番手で、暖炉の灰をかき集め、タオルをたたみ、お手洗いの洗面台を洗う係でした」家族が起床する前の朝の掃除のときには、貴重品や高価な調度品の埃を払うような繊細な仕事は、メイド長みずからが行なった。便利な道具がどんどん出てきた新時代においては、メイド長はそうした道具の管理もしただろう——アンナが新しい道具に目を輝かせたわけではないが。

　正式な昇進をひかえているものの、現在はメイド長なので、アンナはまだお仕着せを着ている。シーズン3では、シリーズが始まって以来初めて、アンナやほかのメイドのお仕着せが変わった。メイドたちの外見を現代ふうにするためだ。午後用の黒いお仕着せは、1920年代に入ると、丈が少し短くなり、くるぶしが見えるようになった。スカートのシルエットは細くなり、ふくらんだ袖とハイネックの代わりに襟がついた。掃除をするときに着る午前中のお仕着せは、相変わらず緑色だが、新しい感じのプリント地だ。胸あてには、ダブルのボタン飾りがある。靴は以前のくるぶし丈のブーツから、かわいいTストラップの靴に変わった。全体的にシンプルになり、フリルのヘッドドレスは、つける位置が前寄りになった。

　メイド長の仕事はたいへんだが、昇進して正式な侍女になれば、もっと厄介な仕事が待っているだろう。新たにたくさんの責任を引き受けなければならないからだ。たとえば、アンナがメアリーの旅行や泊まりがけの外出のおともをするときには、荷造りをはじめとして準備のほとんどを担当しなければならない。ある侍女が、旅支度は面倒なことだらけだったと回想している。「持参するものを選ぶのが、なかなかたいへんでした。出発前の奥様はあわただしくて、そっけなくなりがちです。"ああ、いつもどおりでいいわ。わかっているわね？"とか"あなたに任せるわ、ローズ"ぐらいしかおっしゃいません。ところが、実際に目的地についてお望みのものがないとわかると、

責められるのはわたしです。すぐに、旅支度のときにはしつこく念を押すことを覚えました」

荷物選びもたいへんだが、衣類にアイロンをかけたりたたんだりするのにも、ひと苦労する。侍女は女主人の上等の服や、ペチコート、下着の管理を任されるが、すべて手洗いしなければならないし、注意深い手入れやアイロンがけが必要だ。第一次世界大戦のころまで、重くてかたい、鋳鉄製のアイロンをストーブの上であたためて使った。しょっちゅう、あたためているあいだに煤がついたり、すぐに熱が冷めたりした。長いあいだ苦労したメイドがこう言っている。「アイロンが熱すぎて服に茶色い焦げ跡ができるか、温度が低すぎて茶色い鉄さびがつくかのどちらかです。よかれと思って青い薬品にひたして焦げやさびを取ろうとすると、今度は生地が緑色になってしまう。心身ともに疲れきる仕事でした」

荷造りが終わると、女主人のトランクを列車や船にきちんと積むのも、侍女の仕事だ。要領のいい侍女は、車掌やポーターにチップをはずめば、快く手伝ってもらえるということをすぐに覚える。それに、箱や帽子入れもちゃんと運んでもらえる。列車に乗るときには、女主人のために快適な一等客室を手配するだけでなく、その近くに自分用に三等客室を手配しておくことが重要だ。

イーディス　歳が離れていても、ベイツとあなたはお似合いの夫婦だわ。

アンナ　理想的とは言えませんが、一緒になれて幸せです。

イーディス　それがいちばん大切よ。わたしはいつもそう思っているの。

夫が収監されているので、同じ邸の使用人同士が結婚することの是非は、今のところ問題にされていない。グランサム伯爵はアンナとベイツに好意を持っているので、ふたりが結婚していてもなんの問題もないと思っているだろう（伯爵はふたりに所領内の小さな家を与えると約束した）。しかし、多くの邸では、使用人同士の恋愛はよく思われなかった。ひとつには、道徳的

ベイツとアンナの絆は何度も試され、そのたびに強くなる。

に問題があるからだろう。これは厳格な執事と家政婦が統括する領域だ。男女を分離するためにできるかぎり工夫されているにもかかわらず、若い下僕とメイドのあいだには"いろんなことが起こる"。ある執事は若い男性使用人に"たった5分の快楽"のために将来を棒にふるなと警告した。メイドにとってはもっと深刻だ。まんいち妊娠すれば、解雇された。しかし、安定した関係であっても、必ずしも歓迎されたわけではなく、邸によっては職務違反とみなされ、解雇の対象になりえた。コリン・ケッペル卿夫妻の邸のメイドは、執事と駆け落ちし、二度とふたりで邸に現われないと誓わされた──執事のほうは、その後もよく村に来てパブで飲んだ。それでも、大きな邸では使用人同士の結婚が多かった。ほとんどがそうだ。あるランカシャーの執事が語った。「ほとんどの場合、相手は邸内の者だった。それ以外の例はめったにない。執事の結婚相手は、だいたいメイドか厨房メイドで、たまに侍女ということもあった」

　女性使用人は結婚すると退職することが多かったが、例外もある。しかし、子どもができれば、退職は避けられない。ベイツが刑務所に入っているので、アンナに子どもができることはしばらくなさそうだ。今はまだ子どもがいなくて、アンナはさみしいだろう。子どものそばで一緒に働けるように、いつか小さな宿屋を買おう──ベイツがそう言ったとき、アンナはとても幸せそうだった。ベイツが釈放されるまでは、ベイツの未来と同じく、アンナの未来も、鉄扉の向こうに閉ざされていて明るくない。ふたりは一緒になるためにさまざまな障害を乗り越えてきたが、これは最大の障害だ。しかも、これを乗り越えられるかどうかは、アンナひとりにかかっている。しかし、アンナなら、やりとげるだろう。

令嬢の侍女を務めるため、アンナはドレスやヘアスタイルの流行に遅れないように気をつけていただろう。新しい流行のマルセルウェーブはシンプルで、手入れが簡単なヘアスタイルと言われていたが、きちんとセットするには訓練が必要だった。当時、多くの侍女が自分の髪で練習した。

イザベル・クローリー

マシュー・クローリーの母

1920年には、国家が提供する社会福祉はかぎられていた。また、戦後に自由になった上流階級と中流階級の女性は優秀で、イザベル・クローリーのような女性が慈善事業に精を出しはじめた。代表的な団体に、レディ・ソールズベリやマーゴット・アスキスらが設立したパーソナル・サービス・アソシエーションなどがある。これは、社会発展のために、お金よりも時間を捧げたい女性のための団体だった。

REFUGEE CARE FOUNDATION
LEEDS

The Palmford Children's Trust
(LIMITED)
TELEGRAMS: "ACQUIRE, STOCK, LONDON"
TELEPHONE: 8729 CENTRAL

1 Frederick's Place,
London, E.C.
May 1, 1920

Dear Mrs Crawley,

   I write to thank you on behalf of the Foundation For the Protection of Refugees. Your generous grants and fundraising were a tremendous contribution to the campaign. As we know that all thou the war is now over there are refugees that are still in desperate need.

   We can not thank you enough for all the hard work you have shown.

       I am,
       Yours faithfully,

       F. Staunton
       Manager.

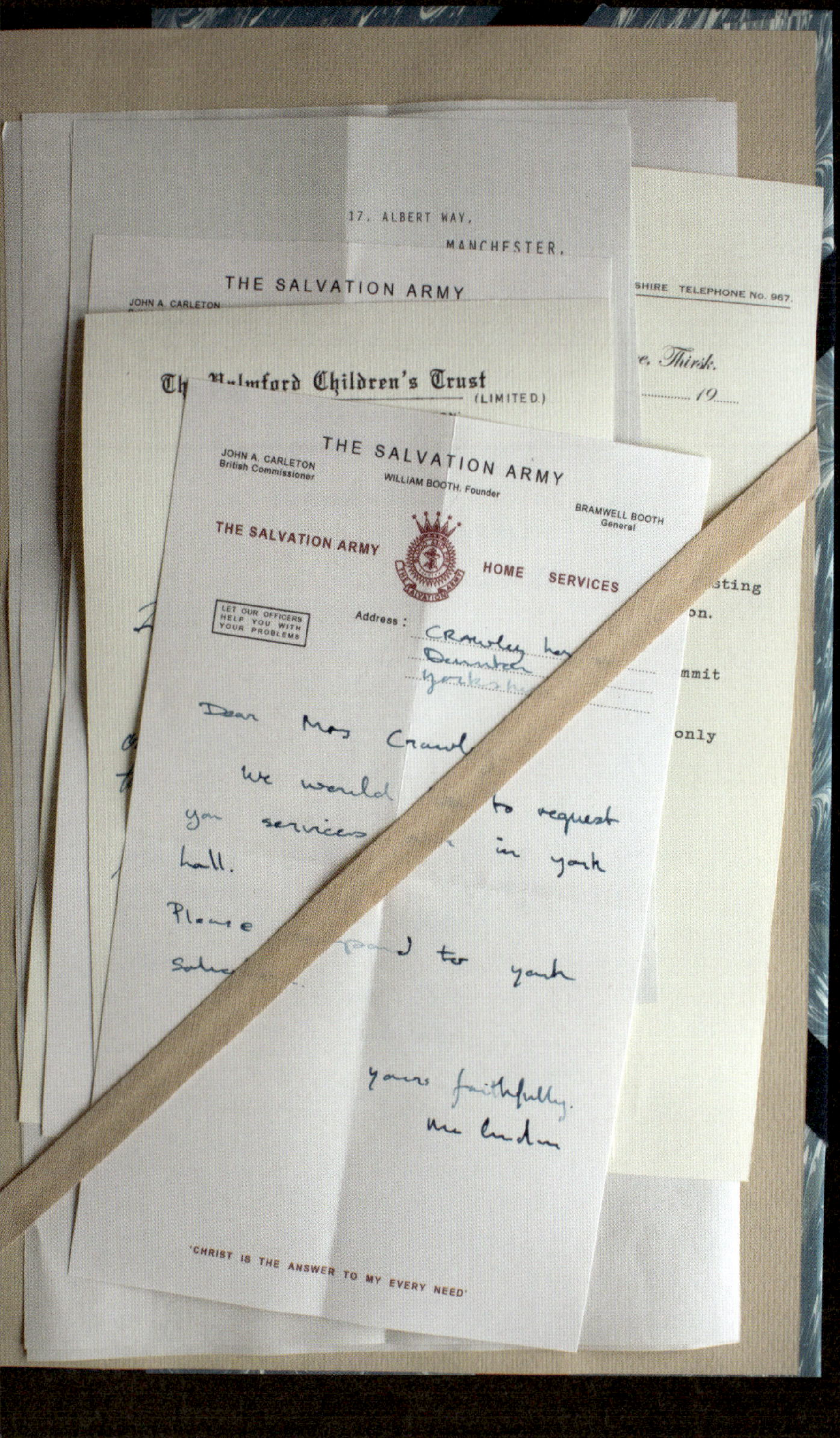

17, ALBERT WAY,

MANCHESTER.

THE SALVATION ARMY

JOHN A. CARLETON

SHIRE TELEPHONE No. 967.

The Rumford Children's Trust
(LIMITED.)

, Thirsk.

.... 19......

THE SALVATION ARMY

JOHN A. CARLETON
British Commissioner

WILLIAM BOOTH, Founder

BRAMWELL BOOTH
General

THE SALVATION ARMY

HOME SERVICES

LET OUR OFFICERS
HELP YOU WITH
YOUR PROBLEMS

Address: Crowley ho
Dennington
Yorkshire

Dear Mrs Crawl

We would to request
you services   in york
hall.
Please
Scho   to york

yours faithfully.
Mr Linden

'CHRIST IS THE ANSWER TO MY EVERY NEED'

イザベル　彼とは挨拶を交わしたことしかないけれど、おもしろい男性が一族に加わったわね。
バイオレット　またおかしなことを。

　イザベル・クローリーは目的意識を持った女性だ。状況によって目的が変わることはあっても、イザベルはなにかに取り組んでいることが好きだ。学識があり前向きなイザベルは、専門職を持つ中流階級の一員としてマンチェスターで暮らしていたが、ある日突然、爵位の相続人の母になる。突然の変化に直面し、イザベルは親子ともども新しい状況にびくびくしてはならないと決心する。自信に満ちたイザベルは、ダウントン・アビーで社会的正義を追求できる地位についた。また、看護学校にもかかわり、戦争中には看護婦として働く（同じ道に進もうとするシビルに協力もした）。終戦後は、ずっと新しい任務を探している。
　イザベル役のペネロープ・ウィルトンはイザベルの目的の複雑さについてこう説明する。「彼女はダウントン・アビーの世界に腹を立てているわけでも、非難しているわけでもないわ。世のなかに対して批判的で、改善すべきだとは思っているけれど。でも、けっして過激な社会主義者じゃない。あくまでも、現在の社会構造のなかで役立ちたいと考えているの」シリーズ3の最初のほうで、イザベルはふたたびシビルを応援しようとする。トム・ブランソンが一族に加わるのをよいことだと考え、ロバートの反対を押し切り、ブランソンとシビルがメアリーの結婚式に出席できるよう旅費を送金しようとする。しかし、本人は人助けだと思っていても、ロバートにとってはありがた迷惑でしかなく、息子のマシューでさえ口出ししないでくれと言う。ブランソンがダウントン・アビーに来て、ブラックタイやホワイトタイではなく普段のスーツのままディナーに現われたとき、イザベルはわざわざ伯爵家の人々を刺激するようなことを言う。
　イザベルはこの機会に、バイオレットの思い込み（子どものしつけ、考えかた、暮らしかたにおいて、自分とイザベルはまったく相容れないと思っている）に挑戦しようと思っている。バイオレットはできるだけ距離を置こう

とするのに、イザベルはなにかとバイオレットにからむ。ウィルトンはこう言う。「たがいに、ある程度は楽しんでいるし、尊敬の念もあるのよ」イザベルは自分は正しいと自信を持っているが、じつは、ダウントン・アビーでは心からくつろげるわけではない。

イザベルは自分がメアリーに好感を持っているのかどうか、自分でもわかっていない。とはいえ、メアリーといるときがマシューはいちばん幸せなのだと認めている。ウィルトンは言う。「イザベルはときどきメアリーに対して懐疑的になるけれど、メアリーの強さと信念を認めているわ。それはイザベル本人の信念とはちがっているかもしれないけれど。イザベルは現実的だから、変えられないものがあるということをよく理解しているの」最終的には、マシューとメアリーの結婚はイザベルのおかげだ。

イザベルは自分の目標に熱中してはいても、息子を深く愛していて、息子の幸せこそがもっとも大切だ。イザベルとマシューは仲のいい親子で、医師だったマシューの父がずいぶん前に亡くなったため、目を向ける相手はおたがいしかいない。マシューが自分の人生が激変しそうだと知ったとき、それを乗り越えられるようマシューを支えたのはイザベルだ。イザベルにとっても、たいへんな変化だったに違いない——息子を進歩的で教養のある青年に育て、将来を期待される弁護士にしたのに、今度は息子に貴族の流儀を教え、次代の伯爵としてふさわしくふるまうようアドバイスしなければならない。それでも、イザベルは自分たちの主義を捨てるべきではないという気持ちを持ちつづけている。

ストララン　後ろにすわっていただけばよかった。
イザベル　いいのよ、助手席のほうが好きなの。
初めてじゃありませんしね。
バイオレット　おお、怖い。

シリーズのコスチュームデザイナーは、イザベルの進歩的な生きかたを衣装で表現した。「イザベルの衣装を作るのは楽しいわ——個性的なキャラクターだから」と、キャロライン・マッコール。「イザベルは年配の女性の登場人物のなかで、いちばん、実際的な人物ね。戦時中にはフランスに行ったし、つねにすべきことを探している。でも、未来の伯爵の母として、恥ずか

しい格好もできない。ほかの人と同じようにきちんと見栄えをよくしたいと思っているの。イザベルの衣装はとても現代的で、どこででも使えるスーツよ。ジャケットとスカートは欠かせないわね。戦後になると、イザベルは新しい型——ペグトップ型のスカートをはくようになったわ。ウエストが細くて腰の部分がふくらみ、裾に向かって細くなるの。丈はくるぶしより少し上よ」この時代には新しい生地も登場した。ニットだ。意外に思う人も多いだろう。ニットはずっと昔からあったのだろうと思いたくなるほど普及している。「イザベルは自宅用のすてきなニットのカーディガンを持っているわ」と、マッコール。「ニットはその後、どんどん一般的になっていくの」

イザベル　じつは、新しい仕事を見つけたの。でも、バイオレットはご不満みたい。
バイオレット　その話は、今はよして。

　イザベルが邸のことに首をつっこまないように、バイオレットとコーラは言葉たくみにイザベルを操り、別の方向に向かわせる。自分たちならけっして向かわない方向だろう。今、イザベルの情熱は、"苦界に身を沈めた女性"（当時、売春婦を婉曲的にこう呼んだ）に向けられている。実際に、1920年には、多くの女性が極貧にあえいでいた。戦争中に性の自由が広まり、戦線から数日間だけ故郷に戻った若い兵士が羽を伸ばした結果、多くの娘が妊娠した。相手が戦地に戻って亡くなり、父親のいない子がたくさん産まれた。相手の一時帰還中に結婚できた若い母親は、幸運だ。戦争未亡人として年金がもらえるからだ。しかし、ほとんどの場合がそうではなかった（婚外子は３％増加した）。認知されない子をひとりで育てるという二重の苦労を背負う女性にとって、お金を工面する方法はかぎられていた。
　当時、すでに避妊が可能で、戦時中には避妊法も進んだが、充分に普及していたとは言えない。なにより、たいていの者にとっては使いづらいかお金がかかりすぎるかのどちらかだった。そのころにはもうコンドームがあったが、分厚くて感覚をそこなう素材でできていたし、（石けんと水でしっかり洗浄したあと）繰り返し使用したため、穴があきやすかった。ペッサリーも手に入ったが、使用経験者によると、"車のタイヤのようなものでできた分厚いゴム"でがっかりしたそうだ。それにもかかわらず、1919年には英国

に7万5000人もいたと言われる"街娼"にとっては、こうした避妊具はありがたいものだっただろう。中絶は違法だったうえ、危険をともなう手術だったが、以前より広く行なわれるようになっていた。静養と称してじつは"フランスの病院"に行く裕福な若い娘がたくさんいた。

イザベル　救いを求めに来たのね？　歓迎するわ……。待って、あなたはあのときのメイドね。邸の食堂に赤ちゃんを連れてきた……。

当時は、婚外子というだけでのけ者にされる時代だった。1920年代にレスターシャーでメイドをしていたマッジ・ガウは、出生のためにたびたび苦労した。「ストーニーゲートに仕事を探しにいくと、必ず母の名前と、父の名前、自分の名前をきかれました。あいにく、わたしは婚外子でしたから、採用されませんでした。"お父さんの名前は？"ときかれて"わかりません"と答えたら、もうおしまいです。父の職業、母の結婚前の職業から、自分の出生地まで詳しくたずねられます」

エセル　みんなに人生がある？　わたしには人生なんてない。ただ生きているだけで。

慈善事業を始めたイザベルのもとに助けを求めにきたのは、ダウントン・アビーにいた不運なメイド、エセル・パークスだった。エセルは今、幼子チャーリーをかかえ、生活に困っている。夫もいない、寡婦年金ももらえない、メイドとしての仕事もない。エセルは途方に暮れていた。自活することも息子を養うこともできないと気づき、エセルはチャーリーをブライアント夫妻（チャーリーの祖父母）に託そうかと考えはじめる。エセルと暮らしても、チャーリーには、みじめな人生が待っているだけだ。のちのち、就職や結婚のときに、"婚外子"であるために困難にぶつかるだろう。エセルの決断はめずらしいものではない。婚外子として生まれたハンディは計り知れないため、赤ん坊を養子に出す未婚の母が多かった。両親が未婚の娘の産んだ赤ん

戦後、エセルのような境遇の女性が多く、イザベルはそのような女性を支援しようとした。

坊を養子にすることもよくあり、自分の母親を姉だと思って育った子どもがたくさんいた。1926年以前には養子縁組が法制化されていなかったので、これはそれほど難しいことではない。1930年代の半ばまで、非公式に養子縁組が結ばれていた。

「エセルは息子をとても愛しているの」エセル役のエイミー・ナトールが言う。「息子のために最善のことをしたいと思っているわ。初めは、母の愛がなにより大事だと考えてた。でもしだいに、祖父母と一緒に暮らすほうが、幸せなのかもしれないと気づくの。生活が安定するから」気の毒に、エセルは未来への希望と野心にあふれた、明るくて自信満々の娘から、仕事や食べ物をあさるしかない女に落ちぶれた。「エセルには順応性がある」と、ナトール。「根性があるし、基本的に楽天家だわ。こんな状況であっても。世間に避けられていることを嫌だと思っているけど、自分の行ないの報いだと受け入れている。不公平だとうらんだりしない」

イザベルも楽天的な現実主義者で、現在の社会構造のなかだけで変化を求めようとする。エセルも世間は変わらないと考えている。もちろん、ふたりともまちがっている。1920年、並はずれた社会的変化が今にも起ころうとしていた。戦争の影響が、芽生えはじめたさまざまな発展——医学や技術の進歩から、階級制度の崩壊や女性の参政権まで——を促進するきっかけになった。

とはいうものの、不安視された変化、あるいは確実だと思われた変化のいくつかは、実現しなかった。1960年代後半まで、婚外子は白い目で見られた。だいたいにおいて、田舎の大所領の生活様式は第二次世界大戦が勃発するまで続いた。女性の平等を求める戦いが勝利をおさめはじめるのは、1970年代になってからだ。貴族も社会主義者も、1920年代のうちに革命が起こるだろうと思っていた。だが、まだ、そうなってはいない。

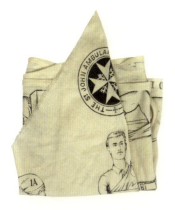   

第一次世界大戦が勃発し、オーストリア＝ハンガリー帝国とオスマン帝国が崩壊すると、ヨーロッパと近東の人々の行き来が活発になった。祖国を失った人々の一部が、支援とケアを求めて英国にたどり着く（アガサ・クリスティーは英国で出会ったベルギー人の難民から着想を得て、名探偵ポアロを創作した）。戦後の数年間で、健康、住居、教育など社会福祉が国家によって進められた。しかし、"奉仕活動はよい社会の不可欠な要素であり、国家が主導権を握るものではなく、国家が国民に奨励すべきものだ" という考えが根強かった。イザベル・クローリーは、戦後、選挙権を得て、こうした活動に精を出した女性のひとりだ。

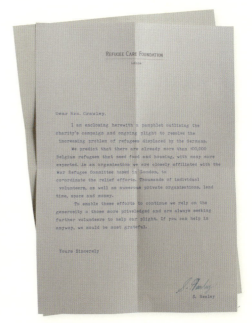

サラ・オブライエン

グランサム伯爵夫人付侍女

侍女のオブライエンは、伯爵夫人の衣類の手入れを任されている。洗濯とアイロンがけのほかにつくろいものも担当する。刺繍の腕まえも期待される。当時の貴族は衣装代を節約したので、ドレスを流行のスタイルにリフォームするのも侍女の仕事だった。

NEEDLEWORK FOR ALL.—ADVTS.

PATON'S ALLOA KNITTING WOOLS.

A family Treasure—a family pleasure.

The soft fleeciness and elasticity of Paton's Wools give to knitting a new delight, and their splendid strength and lasting colour ensure the highly satisfactory wear of garments made with them.

Proof of the popularity of Paton's Wools is shown by the fact that about 2,000 workers and three factories are kept constantly busy keeping pace with the demand.

Patterns of New Colours FREE.

Illustrated Book on making "Knitted Coats and Caps" or "Sports Coats and Knitted Caps." 1d. each; by post, 1½d.

PATON'S, ALLOA, SCOTLAND, or 192 Aldersgate St., London

"Neuvel-Oblong"
Patent SUSPENDERS
with Oblong Rubber Buttons.

Found only on *H.W. Veitch Grip* Suspenders.

They hold more threads of the Hose.
They do not cut the yarn or cause drop-stitches.
They give maximum comfort with greatest strength.

All with Clip Tops.	Single Ends.	Double Ends.
Plain Cotton Elastic	No. 860 1/0½	No. 862 1/0½
Plain Art Silk Elastic	No. 877 1/0½	No. 874 1/6½
Frilled Art Silk Elastic	No. 866 1/0½	—
Frilled Best Silk Elastic	No. 68 1/6½	No. 40 2/3½

By Post 1d. per pair extra.

If unable to obtain from your Draper write to:
THE MANUFACTORY, HACKNEY ROAD WORKS, LONDON, N.E.

Printed for the Proprietors by ED. & CHAS. STRAKER, Ltd., 12-13 St. John's Square, London, E.C.
Sole Agents for the Colonies—GORDON & GOTCH, Ltd., London, Australia, Canada, etc.
Sole Agents for South Africa—THE CENTRAL NEWS AGENCY, Ltd.
Wholesale Trade Agents—E. MARLBOROUGH & Co., 51 Old Bailey, London, E.C.
Rates and Terms for Advertisements upon application.

No. 51. Postage Half-Penny.

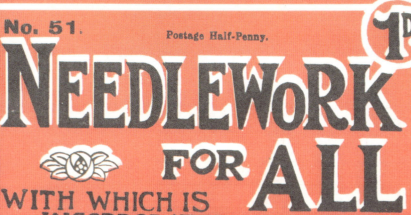

NEEDLEWORK FOR ALL
WITH WHICH IS INCORPORATED "THE NEEDLE"

MAPLE LEAF DESIGN LACE EDGING.

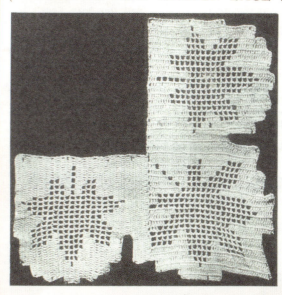

CONTENTS.

Tea Cosey worked in the Chartley Design.

Crochet Edging and Insertion for Towel Ends, etc.

Child's Crochet Coat and Hood.

Fire Screen in Pen-Painting.

The Filet Lace.

Hot Water Bottle Bag.

The Cordova Design.

Maple Leaf Design. Lace Edging.

The Lucky Charm Triangle.

Baby's Cloak Shawl.

The Vanbrugh Design for a Cushion.

The Kathleen Insertion.

Editress's Letter Bag.

The Maltese Bonnet.

COPYRIGHT. ENTERED AT STATIONERS' HALL.

Published on the 15th of each Month by
THE LONDON GUILD OF NEEDLEWORK,
5 NEWGATE STREET, LONDON, E.C.

モールズリー　わたしはクローリー夫人に頼られています。言われたんです。欠かせないと。
オブライエン　だれだって、欠かせないわ。クビになるまでは。

　邸(やしき)の上級使用人のサラ・オブライエンは、20世紀初頭では、労働者階級の女性としては高い地位についているとみなされただろう。そこまでの地位にのぼりつめたのだから、満足していそうなものだが、オブライエンはそう思っていない。グランサム伯爵夫人以外のだれに話しかけられても無愛想で、使用人仲間とまじわらず、階上でも階下でもひとりで暗がりを歩く。製作総指揮のギャレス・ニームはこう言う。「ダウントン・アビーは、人が本音を言わない世界だ。いつも裏の意味がある」
　邸には、オブライエンの友人と呼べる者はいない。トーマスでさえ、悪だくみのグルにすぎず、友人ではない。オブライエンは伯爵やほかの使用人についての詳しい情報を手に入れるために、グランサム伯爵付の従者であるトーマスを利用する。そのようにして手に入れた情報を、オブライエンは他人を操るために使う。しかし、トーマスはオブライエンに情報を教えるとき、警戒を忘れない。オブライエンの魂胆を見抜いているからだ。まるでけしかけあう学童のように、ときにふたりは行き過ぎた陰謀でたがいにショックを与える。シーズン２の最後で、ベイツが殺人罪で有罪になったと知ったときに、トーマスはまずベイツの代わりの従者が必要だと言った。それを聞いてオブライエンは「わたしも情け深くはないけど、あんたには負けるわ」とあきれた。
　実際のところふたりは同じくらい冷酷であり、同じくらい甘いところがある。しかし、その二面性の表われかたはそれぞれで、それを見せる相手もそれぞれ違う。トーマスは心を閉ざしているが、オブライエンは冷酷さの裏に、特定の相手に対する強い忠誠心を秘めている。オブライエンの家族についてはほとんど語られないが、この"特定の相手"のなかには家族も含まれる。

オブライエンはグランサム伯爵夫人コーラをうまく操り、執事のカーソンの知らないあいだに甥のアルフレッド・ニュージェントを下僕にすることに成功した（カーソンは激怒したが、オブライエンは気にしていない）。「アルフレッドはオブライエンの姉か妹の息子です。おそらく、オブライエンは使用人の一家の出身でしょう」と、ジュリアン・フェローズ。オブライエンの関心がトーマスからアルフレッドに移り、トーマスはおもしろくない。まさにトーマスが指摘したとおり、オブライエンにとってだれに尽くすべきかという基準は、相手に愛情があるかどうかより、相手を支配できるかどうかなのだ。若くて未熟だったときのトーマスは、もっと操りやすかった。

　甥のアルフレッドを下僕として割のいい仕事につかせると、オブライエンはすぐにアルフレッドをマシューの従者に昇進させようともくろむ。苦労の末にグランサム伯爵の従者になったばかりのトーマスは、これを知って腹を立てる。こうして、わたしたちは幸運にも、以前は親密だったふたりの蹴落とし合いを観戦できる。接戦だが、どちらかと言えばオブライエンが優勢だ。オブライエンのブラックユーモアを含んだ痛烈な言葉に、トーマスはとっさに言い返せない。

オブライエン　ばかばかしい。西部劇じゃあるまいし。八つ当たりはやめて、だんな様の寝間着を用意したら？

　味方といるときだろうと、敵といるときだろうと、家族といるときだろうと、オブライエンは階下の使用人仲間とかけ離れている。性格だけでなく、仕事上でもそうだ。オブライエンはグランサム伯爵夫人の担当で、ほかの家族の世話をしない。ヒューズでさえも、オブライエンにはなにも命令できない。お願いできるだけだ。この高慢な態度は、オブライエンにかぎったものではなかっただろう。侍女の評判がよくないのは、当たり前だった。だから、侍女とかかわるときには、注意が必要だ。ある執事は侍女を雇うときには、面接のために質問の一覧表を作って、裁縫の腕前や、きれい好きかどうか、荷造りはうまいかどうかというよくある項目だけでなく、気性や、思慮分別があるかどうか、信頼できるかどうかをチェックする質問も用意した。

　注意深く調べて雇っても、あとで問題が発覚することもある。1920年代

にスードリー城に泊まった客がこのように言っている。「（そこの侍女は）使用人のなかでいちばんの嫌われ者だった。……大きな邸では、たいてい侍女は嫌われ者だ」ふたつの大戦のあいだのカントリーハウスの暮らしについての記録を見ると、同じ話がよく見つかる。社交界の名士であるレディ・ダッシュウッドによると、ウエスト・ワイクーム・パークの邸内では「嫌というほど嵐があった。とても面倒な嵐で……侍女がしょっちゅう嵐の原因を作った」。ネップ城のレディ・バレルは料理人と侍女の対立にハラハラした。

　侍女にはなわばりがあり、おそらくそれが邸のほかの使用人に対して身がまえたり、厄介を引きおこしたりする理由だろう。侍女のなわばりは、おもに女主人の寝室だ。侍女だけが女主人の化粧台にさわることを許されるので、侍女は女主人の個人的な秘密（若さを保つために飲む薬から、夫に関する悩みごとまで）を、用心ぶかく胸に秘めることになる。特権のある地位だが、侍女が女主人の重大な秘密を知ったところで、できることにはかぎりがあった。

　オブライエン役のシボーン・フィネランは、オブライエンの孤立した立場をこう説明する。「オブライエンは働きづめなの。人生を侍女という仕事に捧げてきた。その結果、うんざりしている」

　おそらく、オブライエンは仕事ひとすじの人生をよく思っていないのだろう。かといって、現状を変える気もなさそうだ。エセルが"幸せ"になりたい、"使用人で終わりたくない"と言ったとき、オブライエンはイライラと言い返した。しかし、オブライエンは待遇に不満があるとしても、"知らない悪魔より、旧知の悪魔のほうがまし"をモットーにするタイプだ。だから、オブライエンがもっとも動揺するのは、変化がありそうなときだ——たとえ、それがよい変化であっても。アンナとベイツが結婚するつもりだとみんなに報告したとき、オブライエンが見せた反応は、悪意に満ちていた。

オブライエン　そのおかげで、面倒が起きなきゃいいけど。あんたたちふたりが自分の家に住むなんて、ひいきだわ。こっちは、共同生活なのに。
アンナ　ひがんでるみたいよ。
オブライエン　まさか。秩序を乱されたくないだけ。

さらに、オブライエンはチャンスさえあれば、平気で嫌われるような意見を言ったり、トラブルを起こしたりする。ベイツの前妻ヴェラに手紙を書き、ベイツがダウントン・アビーに戻り、アンナとよりを戻したと報告したことまである。もちろん、その後、ヴェラがダウントン・アビーに乗りこんできて、ケマル・パムークの死にまつわるメアリーのスキャンダルをばらすとベイツを脅したときには、オブライエンは後悔した。スキャンダルが世間に知れたら、オブライエンが（今のところ）愛するグランサム伯爵夫人のコーラが苦しむことになるからだ。
　オブライエンの性格のなかでもっとも興味を引き、極端な一面は、コーラに対する気持ちだ。あるとき、オブライエンはコーラが自分を解雇しようとしていると疑い、忠誠心を侮辱された怒りで、コーラを流産に追いこんだ。
　それ以来、オブライエンは良心の呵責と後悔の念にさいなまれる。今では、憎悪と同じくらい強い愛情を持ち、コーラを守ろうとしている。それも愚かしいことだが、オブライエンはもっと極端な行動に走る。だれかがコーラにとって不利なことをしていると嗅ぎつけると、コーラに告げ口するのだ——イザベル・クローリーがシビルに看護学校への入学をすすめたときや、パットモアが仕事のない兵士たちのために邸の食糧を持ちだしたときがそうだった。
　使用人たちはオブライエンを警戒しているが、心底嫌っているわけではない。結局、使用人のなかにはオブライエンとつきあいの長い者もいて、その親近感がある種の寛容を生む。コーラがスペイン風邪にかかったとき、寝ずの看病をするオブライエンを見て、パットモアは感心した。「人ってのは、わからないもんだね」と、パットモアは感想を漏らす。「20年も一緒に働いてるけど、まだ知らないことがあるとはねえ」
　オブライエンは無知に対して容赦ない。かわいそうに、子どもっぽいデイジーが世間知らずなことを言うと、とくに辛辣な態度をとる。コーラの命が危ないと知ってデイジーがショックを受けていると、冷たく言い放った。「これは命にかかわる病気なのよ。妖精が治してくれると思ってた？」
　侍女の仕事は肉体労働ではないが、労働時間が長くて不規則だ。女主人が目覚めた瞬間から床につくまで、ずっと待機していなければならない。いちばん気を遣うのは女主人の身なりで、全身が——細かい網目の絹のストッキングから、宝石がついたチョーカーのうなじの留め金まで——完璧に見えるように注意を払う。
　衣類の管理は、時間がかかるだけでなく、繊細な仕事だ。侍女は女主人の下着や、さらにもっとデリケートなものの"洗濯"や"つくろいもの"をす

べて担当する。"アイロンがけ"もどっさりある。ウエストミンスター公爵夫人のロエリアはかつて「当時は、ドレスの装飾が今よりもずっと多くて、しわにならない加工もありませんでした。だから、必ずアイロンがけしなければならなかったのです」と述べている。「貴族の女性は、侍女に頼りきりでした――母の友人に、侍女がいないとティアラもはずせなくて、つけたまま寝た人がいました」

　日中、侍女はほとんど休みなく女主人の着替えを準備したり、脱いだ衣服を片づけたりする。脱いだ衣服であっても、特別なマナーに従って扱わなければならない。1920年代にレスターシャーのいくつかの大きな邸で勤めていたミリー・ミルゲイトは、衣装をたたんで椅子の上に置いたあと、カバーをかけたと書いている。「シルク、木綿、刺繍入り、フリルつき……きれいなカバーばかりです。それを、脱いだ昼間の衣装にかけておくのです――男性の目に触れないように」

　一日に何度もある着替え（回数は、散歩に行くかどうか、自室でお茶を飲むかどうか、ディナーのために着替えるかどうかによる）に対処するだけでなく、侍女は娯楽（縫い物や絵画）の準備、村への外出、近所の知人宅への訪問、旅行のための荷造りについても、気遣わなければならなかっただろう。従者と同じように、侍女も女主人からいちいち指示されないが、なにが必要なのかを"知っていて当然"と思われている。

コーラ　やさしいのね。いつも、そうね。
オブライエン　そんな……。

　さらに、侍女は女主人の相談相手でもある――女主人の気分、心配ごと、いらだち、悩み、傷つきやすい感情を受け止める。口のかたさと、日常のちょっとした問題を解決する能力が評価される。女主人にとっては、入浴のさいに裸を見られたり、毎晩着替えを手伝ってもらったり、髪をとかしてもらったりするので、侍女に気持ちを隠すのは難しい。ほかのことでは賢明なコーラがオブライエンについては見かたが甘くなるのは、ふたりのあいだにこうした信頼関係があるためだろう。しかし、信頼と信用はあったとしても、平等はない。コーラの美しい容姿と豪華なドレスとは対照的に、オブライエンは飾り気がなく質素だ。

　侍女はお仕着せを着なくてもよかったが、地味でひかえめな服を着ること

クリスマスと使用人の舞踏会では、さすがのオブライエンも陰謀を一休みして楽しむ。

が求められた。1920年代にケブン・パークのレディ・ミリセント・パーマーに仕えていたミス・ラッセルは、自分で服を選べたが、"派手すぎる服"は禁止だったという。ラッセルが選んだのは、"白いブラウスと黒っぽいスカート"の組み合わせだ。1920年代のレディ・クランボーンの侍女はオブライエンと同じ怒りで爆発寸前だった。「真珠のネックレスやビーズのネックレスは許されました。腕時計もです。でも、ほかの宝石は禁止。化粧もよく思われません。実際、のちのち、口紅をつけていたら注意されました。ご婦人がたと侍女が一緒に出かけるときは、どちらが主人なのか、ひと目で区別できないといけませんでした」

フィネランにとって、オブライエン役はまたとないチャレンジだった。「今とは違うことだらけよ。役者として、自分を否定しなければならないから。つまり、見えない存在にならないといけない——それが、オブライエンの仕事よ。見えない存在だからこそ、オブライエンはすべてを見聞きできるの」

否定され、隔離され、陰にいるオブライエンは、不気味な人物だ。いつのまにか戸口に立っていたり、人目につかないところにたたずんでいたりする。自分には関わりのない人の話を盗み聞きするためだ。オブライエンの人生はわびしいもので、その未来は想像するだけで不憫だ。グランサム伯爵夫人に信頼されているかぎりは、オブライエンが仕事と、食べ物、住む場所を失うことはない。しかし、仕事を失うようなことをすれば、たちまち生活できなくなるだろう。先行きが不安なので、オブライエンは将来を安定させる方法を見つける必要がある。それがあれば、オブライエンも円くなるかもしれない。だが、わたしたちには、それを望むことしかできない。

侍女のオブライエンは伯爵夫人のすべての衣装と下着の"洗濯"を担当する。ほとんど手洗いしただろうが、とくに手のこんだ衣装は、プロの洗濯屋に任せたかもしれない。第一次世界大戦の少し前、効果抜群の塩素系溶剤の発達とともに、ドライクリーニングの技術が進んだ（不安定で刺激の強い可燃性の石油系洗剤にとって代わった）。

先代グランサム伯爵夫人

TABLE OF POINTS — AUCTION BRIDGE

BRIDGE Score	♣	♦	♥	♠	NT		
Each trick over 6	6	7	8	9	10	Each Trick Declarant	
3 Honors	30	30	30	30	30	Fails to score	50
4 Honors	40	40	40	40	40	If Doubled	100
5 Honors	50	50	50	50		If Redoubled	200
4 in One Hand	80	80	80	80	80	If Doubled For Fulfilling Contract	50
4 in One Hand 1 in Partner's	90	90	90	90		For Each Trick Above Contract	50
5 in One Hand	100	100	100	100		Double value of suit for each trick over book.	
Little Slam	50	50	50	50	50	If Redoubled For Fulfilling Contract	100
Grand Slam	100	100	100	100	100	For Each Trick Above Contract	100
Game					30	4 Times value of suit for each trick over book.	
Rubber					250		

We	They	We	They	We	They
		HONORS			
		100	50		
			60		
		50	40		
		30			
200					
90					
40					
		70			
		120			
		130			
		TRICKS			

ブリッジは1894年に紹介されたばかりだったが、上流社会の食後のカードゲームとしてすぐに人気が出た。それ以前に英国の土地所有者層が応接室で楽しんだのはホイストで、こちらもバイオレットが伯爵夫人だったころに邸(やしき)で楽しんだだろう。1904年にブリッジのルールがさらに細かくなり、"オークションブリッジ"が生まれた(その現代版 "コントラクトブリッジ" ができるのは1925年ごろ)。

Bridge Score

> バイオレット　花嫁が式でやつれ顔を見せてはだめよ。緊張しているか、おさかんな女だと思われる。

　バイオレットには名セリフが多い。妥協を許さず頑固なバイオレットは、典型的な貴族の未亡人だ。ジュリアン・フェローズの"厳しさとやさしさが同居する"大おば、イジー・スティーヴンソンがモデルになった。バイオレットはビクトリア朝時代の生き残りの代表だ。厳格な道徳の必要性と、家族の重要性、貴族の義務(ノブレス・オブリージュ)を絶対的に信じている。その時代のある貴族の夫人が、上流階級と中流階級でビクトリア女王のまねをすることが流行っていたと言っている。「つまり、ビクトリア女王の表面的な特徴——威厳とわがままをまねしたのです」

　1920年、世界はバイオレットの世代が育ち、ビクトリア女王が統治していたころとは様変わりした。いまや、街路には自動車が走り、空には飛行機が飛び、女性が選挙権を持ち、階級を越えた結婚がある。この変化に対処するために、バイオレットのようなタイプの人たちはいっそう背筋を伸ばし、ばかばかしい新しいものが自分たちのやりかたに影響を与えるという考えを即座に斬り捨てた。もちろん、バイオレットは時の君主であるジョージ5世とメアリー王妃を手本にしていただろう。戦後、国王と王妃は安心感の源とみなされた。メアリー王妃は秩序を重んじるだけなく、王室の威厳を強く意識していた。若いうちに、王妃は自分の役割をりっぱにはたすには、よそよそしい見せかけの下に本心を隠すべきだと学んだ。大戦で悲劇に直面したとき、これを正しい——いや、そうするしかない——と考える人は多かった。とはいうものの、1920年の11月20日にウエストミンスター寺院で"無名戦士"が埋葬されたとき、メアリー王妃は「退場の歌」を歌っている最中にくずおれて号泣した。

　バイオレットは自分を荒れ狂う海の上にそそがれた油で、波にのみこまれずに漂っていると思っているかもしれないが、他人はそうは思っていない。バイオレットの発言は、ある程度の真実を含んでいるとはいえ、辛辣だ。大英帝国勲章第二位を叙勲されたマギー・スミス——バイオレット役がまさに

はまり役——は、バイオレットはほんとうは心のあたたかい人物だと信じている。「彼女は2歳のときから傲慢で、いまはそのコツをつかんでいるのよ。彼女の厳格な顔の下にはやさしい心がある——わたしはそう思いたいわ」

バイオレット　レヴィンソン夫人に会えるのが楽しみよ。彼女に会うと、英国人の美徳を思い出すから。
マシュー　でも、夫人は米国人では？
バイオレット　だからよ。

　ダウントン・アビーに滞在することになるコーラの母、マーサ・レヴィンソンは、バイオレットよりも一枚上手だ。自分たちの生きる時代と、地位、自分の道を信じている点ではふたりは似ているが、なにかと衝突する。マーサは古い時代から抜け出せないバイオレットを気の毒がり、からかおうとする。「歴史と伝統がヨーロッパを戦場にしたのよ」とか、「伝統にしがみつくのをやめたらどう？」と、アメリカ人であるマーサは言う。これには、バイオレットは痛いところを突かれた。「野生の本能ね。人の弱みを見つけるのが上手だわ」めずらしく言い返す言葉もなく、バイオレットはイーディスにぼやいた。
　それにしても、バイオレットにとって生きにくい世界になった。バイオレットはだれよりも戦争の影響を感じている。直接的に悲劇を経験しただけでなく、たくさんの友人が親しい者を亡くした。特権もあったが、バイオレットの世代はいくつもの戦争と伝統の崩壊を経験し、気楽な人生を送っているわけではない。ジュリアン・フェローズの大おばのイジーは、ローワン・ハミルトン家の血筋の男性と結婚した。ローワン・ハミルトン家はアイルランドの有力一族であり、私設軍を持つことを許された最後の一族だ。毎年、城の地代として拍車を納めた。イジーの義父も同様に裕福だった。しかし、イジーが第一次世界大戦中にサウサンプトンに夫を迎えにいったとき、お金はなんの役にも立たなかった。重傷を負った夫は担がれて船から出てきた。イジーは夫が駆け寄ってきて抱きしめてくれると思っていたのに。イジーは夫を家に連れて帰り、数ヵ月看病する。しかし、夫はだんだん弱って亡くなった。のちの第二次世界大戦中には、一族の財産は失われ、イジーはひとり息子も亡くした。「だから」ジュリアンは言う。「苦労の多い人生だった」

バイオレットがもう伯爵夫人でもないのにダウントン・アビーでわがもの顔でふるまうために、コーラはよく思っていない（もっとも、バイオレットは気にしていない）。しかし、おかげでバイオレットは孫娘たちとは親密な関係を築いている。バイオレットにとって、家族はなにより大切なもので、いつでも長い目で家族の幸せを考えている。その気持ちが、家族には信じがたいときもあるが。家族との関係を見ると、バイオレットはただの視野の狭い俗物ではないと理解できる。バイオレットは、結婚生活は長く続くものなので、幸せな生活を送るつもりなら、夫婦は精神的に似ていて共感できなければならないと知っている。孫娘イーディスに行き遅れになってほしくはないが、イーディスがずっと年上でしかも腕の不自由なアンソニー・ストララン卿に夢中なのでバイオレットは気が気でない。お金は苦労の埋め合わせにならないと思っているのだ。「イーディスは年寄りの世話係になってしまうのよ」バイオレットはロバートに言う。「りっぱな邸があるからって、その報いにはならないと思うわ」

ストララン　イーディスはスピード狂で、速く走るのが大好きですよ。
バイオレット　あなたはついていける？

　同じように、いったんシビルがトム・ブランソンと一緒になる決心をすると、バイオレットが心配するのは結婚そのものよりも、村で噂になることだった——世間はブランソンが伯爵家に受け入れられたと思うだろう——バイオレットはそれが心配だった。しかし、孫娘のなかで、バイオレットがもっとも親密なのはメアリーだ。ふたりは気性が似ていて、ダウントン・アビーは伯爵家の所領として存在しつづけなければならないという強い信念で結ばれている。

　バイオレットの天敵は、ロイド・ジョージ首相だ。ロイド・ジョージの福祉改革と重くなるばかりの税は、土地を持つ家柄と所領を計画的にターゲットにしているとみなされた。それは、国家がますます社会福祉に介入するようになったということでもある。バイオレットが住む世界では、使用人や小作人、村人の面倒を見るのは領主であって、国家ではない。バイオレットが、メーソン氏のひとり息子（下僕のウィリアム）が徴兵されるのを防ぐために

手を打ったのも、その一例だ。ある執事がこう回想する。「たしかに、古い年代の人は、われわれに対する責任があると考えていました。われわれは一族の面倒を見て、一族は別のやりかたでわれわれの面倒を見る。村にばか者扱いされる変人がいても、なぜかちゃんと仕事があって、稼ぎもありました。必要なだけの雇用が提供されました。働き口があるから村人が働くのではなく、村人がいるから働き口が用意されたのです」レディ・ハイド・パーカーは使用人についてこんな話をした。「退職した使用人には、コテージを与えます。でも、退職したがる使用人はほとんどいません。歳をとったら、仕事を減らすだけです」

ロイド・ジョージの改革は、このやりかたを終わりにした。リッチモンド公爵（ゴードン公爵位も重ねて叙爵）はグッドウッドの"仲間"（退職して年金をもらっている、残ることを許された使用人たちで、ほとんどの所領にそういう者がいた）を思い出して言った。「邸や庭に"仲間"がいて、気の向いたときに、落ち葉を掃いたり、草を抜いたりする。みんな自分の自転車を持っていて、暮らしに満足していた」しかし、国の老齢年金が導入されると、「規則によって、余分なお金を稼げなくなった。だから、"仲間"はいなくなってしまった」

その他の変化はかすかで、断定しにくい。ウエストミンスター公爵夫人は"社会のちょっとした変化"がいつ起こったのか覚えていないと言い、回想録『恩寵と恩恵（*Grace and Favour*）』でこう明かした。「1914年の戦争で、あきらかに消えてしまったものがあります。公園を馬車でまわる貴婦人、病人がいる家の外の道にしかれた藁、タクシーを止めるためのホイッスル……。でも、ロンドンの電話帳が2冊に分かれたのはいつだったかしら？　馬車の御者台の上からではなく、自動車の運転席から見やすいように標識を低くしたのはいつのこと？　賃貸し用の車イスの等級がなくなったのは？」

バイオレットにとってけっして変わらないものは、ドレスだ。あえて変えなかったのだろう。バイオレットにとって、貴族の生活とは、役割を達成することだ。ドレスはその多くをになっていた——地位と階級を示すために。ブランソンがホワイトタイもブラックタイも持っていないと言ったとき、バイオレットは元運転手のブランソンがなぜ世間に伯爵の娘と結婚したことを誇示しないのか、なぜせめてまわりに合わせようとしないのか理解できなかった。ブランソンの政治観と見解は、バイオレットの理解を越えている。

バイオレット　歳だから、興奮しすぎないようにしないと。

　バイオレットの衣装を作るさいに、コスチュームデザイナーは、ジョージ5世の妃であるメアリー王妃よりも、むしろジョージ5世の母であるアレクサンドラ王妃を参考にした（バイオレットはアレクサンドラ王妃と、ほぼ同世代だ）。バイオレットと同世代の人々の多くが、アレクサンドラ王妃がどのように戦後の世界に対処するかに注目した。その対処のしかたは、だいたい、バイオレットの場合と同じだ。つまり、以前と同じように暮らしたのだ。「バイオレットはエドワード朝時代のハイネックを着つづけています」キャロライン・マッコールが先代伯爵夫人の衣装について説明する。「いつもチョーカーをつけ、ドレスは床につく長さ。生地は重い織物です」アレクサンドラ王妃は首に子どものころに受けた手術の跡があり、それを隠すためにチョーカーとハイネックを好んだ。王妃の好みがもとになって、独特のスタイルのドレスが大流行し、王妃が亡くなったあともそのスタイルは残る。お気に入りのファッションデザイナーは、ロンドンに本店があるレッドファーン・アンド・サンズで、メアリー王妃と同じように、アレクサンドラ王妃もこのデザイナーに王室御用達許可証を与えた。

　なんらかの点で、バイオレットに共感したくなる人が多いだろう。バイオレットは孤独ではないが、ときどき疎外感を覚え、近代社会で漂流している気分に襲われる。人々は喪に服するための着替えをしなくなり、道路では自動車がビュンビュン走り、若者は"週末"（土曜日から月曜日ではなく）と駆け落ちについて話す。そんな状況でも、バイオレットは平静を保つ。スミスは言う。「バイオレットにとっては、奇妙なものでしょう。彼女はかつては邸の主だったのにね。でも、バイオレットはほかの人たちよりも成熟していて、賢明だわ。"酸いも甘いも嚙みわけた"っていう感じね」そう、バイオレットに必要なのは憐れみではなく、賞賛と敬意だ——だが、少しなら、反抗的な態度もよい刺激になるだろう。

上流階級の女性はみなそうだが、バイオレットは香水をひかえめにつける。貴族の女性はシトラス系のオーデ・コロン（18世紀初めに、ケルンに住んでいたイタリア人調香師が発展させた）か、花のエッセンスを好んだ。ムスクの香りが強いタイプは、伝統にとらわれない女性向きとみなされた。

舞台裏

ヒュー・ボネヴィル（グランサム伯爵役）
出演者全員が絶好調だ——こんなことは特別だ。

　『ダウントン・アビー』のセットへのこだわりはすばらしい。それが作品のあらゆる面を活気づける。「美術部にはいつも感心している」と、グランサム伯爵役のヒュー・ボネヴィル。「正確なものを作るために、努力している。こんなに熱心なチームと仕事をするのは初めてだ。ある場面で手紙を読むとすると、細部まで設定どおりなんだ——便箋から、筆跡、日付、書き手の感情。あるときの朝食をとりながら新聞を読むシーンでは、その日付の《タイムズ》紙が完璧に再現されていたよ。その記事が淡々と伝えていたのは、ロマノフ家の人々が射殺された件だった。（カメラに写らない場所に）ジーンズをはいたスタッフが30人いても、別の時代の別の場所に入りこんだ気分になったよ」
　プロダクションデザイナーのドナル・ウッズとチャーミアン・アダムズと話して、目立たなくても効果的な細かいこだわりがあるとわかった。すべては、ストーリーを引きたたせるためだ。アダムズが説明する。「シーズン2は大事件が多かったわ——第一次世界大戦に、スペイン風邪の流行。シーズン3では、もっと一族に焦点を当てて、変化しつづける世界のなかの一族を描きます」まったく新しいムードがある。ウッズはこうほのめかす。「このドラマには、いつも押しよせる現代化の波が感じられる。シーズン1の最初のシーンから、列車、電報、自動車などがあり、世界がジェーン・オースティンやブロンテ姉妹の時代から現代に変化していることがあきらかだ」
　シーズン3では、この進化と現代との結びつきが勢いを増す。そのエピソードで、デザインチームは明るい新時代を反映しようとしている。
　「ビクトリア朝時代の憂鬱と戦時中の荒廃が去り、世のなかが明るくなっていく」と、ウッズ。「だからすべての面で、明るいトーンにした」しかし、その変化はあまり目立たない。ウッズが言う。「問題は、1880年代、90年代以降、カントリーハウスでは家具を買わなかったらしいってことだ」ロケ担当チームが視察したすべての豪邸のメインルームは、近代的な照明器具や家族写真が増えた以外には、19世紀の終わりからまったく変わっていないよ

テイクとテイクのあいだの撮影現場はあわただしい。制作チームは役者の衣装やメイク、セットを細部まで確認する。

うだった。「ロバートは邸の現状を維持することが自分の務めだと考えている。だから、新時代らしさを紹介するのが、すごく難しい。いくつかの部屋では微妙に明るくしただけだ。たとえば、マシューとメアリーの部屋はちょっとだけトーンが明るくなっている」

ダウントン・アビーの外では、戦後の世界がより鮮やかに描写される。アダムズが語る。「このシーズン3では、馬が少なくなって、自動車が増えたわ」コーラの母マーサがアメリカから到着したことは、ウッズが言う"突風のようなモダンエイジ"をもたらす。「白いライン入りのタイヤをつけたキャデラックに乗って登場した瞬間から、マーサは強烈なエネルギーを放つ」

チャーミアン・アダムズ（プロダクション・デザイナー）
脚本からなにかを読みとると、15人がかりで再現します！それが1行のセリフでも。

衣装デザイナーのキャロライン・マッコールは、登場人物の衣装を通じて新時代を直接的に表現する。「戦争が終わると、戦前の窮屈な雰囲気が解放されたの。これはファッション、とくに女性のファッションに大きな影響を与えたわ。以前にはなかった自立心が芽生え、女性は戦前よりずっと活動的になった。ひとりで出かける女性がいたるところで見かけられたわ。すべきこともたくさんある。ドレスに関しては、シンプルさが重要だった」飾りの多い服装からシンプルな服装への変化は、とくに女優陣に歓迎された。着替えがしやすいからだ。

ヘアデザイナーでありメイキャプデザイナーであるマギー・ボーンは、当時の肖像画を研究して、女性の自立という新しい精神をみごとに表現した。「1920年代に、女性は口紅を使いはじめたけれど、目立たないよう少し使っただけでした。髪型も変わりつつあったわ。だんだん短くなっていった。その過程も物語に現われているわ。フランスからマルセルウェーブが入ってきて、"ボブ"も入ってきた」

一貫性のあるアプローチと正確な時代考証が、ドラマの成功に貢献した。製作総指揮をとったギャレス・ニームとプロデューサーのリズ・トゥルブリッジは、プログラムのコンセプトの段階から、時代物を作るなら史実から飛躍してはいけないと方針を決めた。トゥルブリッジが説明する。「時代考証

ハイクレア城はロケ地のひとつでしかない。シーズン3では、自動車や新技術の登場で、世界は急速に変わりつつあり、登場人物は所領以外のいろいろな場所に出ていく。

1842年に第3代カーナーヴォン伯爵のためにチャールズ・バリー卿(英国の国会議事堂の建設者)によって改装されたハイクレア城は、壮大な"ジャコベサン様式"の豪華な建築だ。天井の高い部屋には、古い時代の豪華な調度や当時の高価な家具がある。ブライアン・パーシヴァル監督が熱心に語る。「すばらしいキャンバスだよ。あんなすばらしいものは、テレビ番組の予算では建てられない」

ハイクレア城での撮影で苦労するのは、高価なアンティークや美術品に囲まれているということだ。プロダクションデザイナーのチャーミアン・アダムズは言う。「シーズン3でもテーブルクロスを使いました。歴史的には、テーブルクロスを使わなくなりはじめたころだけど。ハイクレア城の食堂のテーブルはとても高価だからよ。テーブルクロスを使わなければ、表面を傷つけないように、ナイフやコップの下にピッタリのサイズのコースターでも作るしかなかったでしょう。ロバートはとても保守的だから、ドラマとしても筋が通っていると思うわ。それに、もうひとついいことがあって、テーブルクロスは吸音性にすぐれているんです」

は正確でなければなりません。でも、労力とカメラの動きに見あわなければなりません」「物語のペースはとても速い」と、ニームは言う。「のんびりした時代物ではない。自分たちがメイド、あるいは貴婦人だと想像してくれと、役者に言いつづけています」

ギャレス・ニーム（製作総指揮） 階級制度に支配された閉ざされた世界を描けば、テレビで成功する。持つ者と持たざる者が存在し、その両方がまとめて圧力鍋に放りこまれる世界には、尽きることのない魅力がある。

　それはブライアン・パーシヴァル監督に直接訴えかけるアプローチだった。パーシヴァル監督はこう言う。「時代物はたいてい、題材に対するある種の尊敬の念を視聴者から期待する。結果的に、内容が堅苦しくなりがちだ。ぼくはつねに視聴者を視覚的な方法でひきつけようとしてきた」

　ダウントン・アビーは、もちろん、ふたつの世界からできている。階上にある伯爵一家の豪華な世界と、階下にある使用人たちのあわただしい世界だ。「ふたつの異なる世界の違いを強調したかった」パーシヴァル監督は説明する。「ひとつの邸のなかに存在するふたつのエネルギー。階上の雰囲気は静寂。階上の撮影では、広角レンズを使い、ゆっくりと移動撮影した。使用人区域では、望遠レンズと手持ちカメラを使った。臨場感が出るし、自然な感じになる。ドキュメンタリーみたいにね。登場人物に感情移入しやすい。でも、やりすぎは禁物だ。潜在意識に訴えるくらいでちょうどいい」

　特別なシーンの雰囲気を高めるために、気づきにくい視覚的効果も使われた。撮影監督のナイジェル・ウィロビーは新技術の可能性について熱心に語った。「新しいデジタルカメラを使えば、ボタンひとつで色温度を変えられる。まるで絵の具箱だよ。各シーンに一貫性を持たせれば、とても効果的だ。たとえば、監獄のベイツのシーンは青っぽくて冷たい雰囲気にした。ダウントン・アビーのあたたかい世界とはかけ離れた色調で、監獄がどんなものなのかを表現する」

　ダウントン・アビーの"階下"の世界は、ウエスト・ロンドンにあるイーリング・スタジオの特設セットで撮影された。いっぽう、"階上"の世界はハンプシャーのハイクレア城で撮影された。スタジオに再現された階下の部

階下のシーンはイーリング・スタジオの特別セットで撮影された。なんの制約もなく、薄暗い使用人の職場の雰囲気を作りだせる。

屋は、ハイクレア城の使用人区域（今では近代的な厨房と一般公開された展示スペースがある）をまねて配置された。階上と階下を仕切る緑の羅紗張りの扉の下の階段は、ハイクレア城のものを精巧に再現した（石ではなく、塗装した木製の階段だ）。この階段のおかげで、使用人はふたつの世界を行き来できる。

　セットを使用することには、あきらかな利点がある。必要に応じてパネルをはずせば、撮影しやすくなるし、隠された開口部から厨房に"煙"を送りこむこともできる。部屋のセットでは上がオープンになっていて、天井の代わりに球形の白い紙のシェードのついた大きなライトが設置されている（すべてのセットはシーズンとシーズンのあいだに解体されてまた組み立てられる）。

　使用人区画のテーマカラーは、邸の外まで広がっている。「階下のモノクロに近い色彩を、ほかの場所でも使った。階下の世界のキャラクターになじむ色だからね。ベイツの家や、もちろん、刑務所にも反映されている」

ブライアン・パーシヴァル（監督）　視聴者を『ダウントン・アビー』の世界に招待したい。ぼくたちは後ろで見ているだけじゃない。その一部なんだ。

　ハイクレア城は人気の観光スポットとイベント会場でもあるので、ロケにはまた別の苦労がある。音響係は、性能のいい音響装置で録音する。モニターや光るランプ、ダイヤルの列に、**冷蔵庫**と手書きのメモが張ってあるのは、冷蔵庫のスイッチの切り忘れを防ぐためだ。すぐそばにある近代的な厨房に大型冷蔵庫が置いてあり、テイクのたびにスイッチを切らないと、冷蔵庫のハム音まで録音されてしまう。屋外では、精巧に作った空洞のファイバーグラスの台座を建物のまわりの現代的な投光照明にかぶせ、その上に壺を置いた。

　ハイクレア城で撮影するときのもうひとつの苦労は、気温だ。丘の上にあるハイクレア城には、四方から冷たい風が吹きよせる。「邸の周辺だけ、気候が違うのよ」と、トゥルブリッジ。「暑い日でも、ひんやりしているわ。寒い日だと、凍えそうよ」邸じゅうがとても寒いので、撮影中におもしろい光景が見られる。あるとき、コーラはロングのダウンコートとムートンのブーツという伯爵夫人らしからぬいでたちで、リハーサルをした。みんなしっかりあたたかい衣類にくるまり、カーソンまでダウンを着ていた。

家族と使用人の領域をへだてる緑のベーズの扉の下にある階段（上）。実際には、使用人の世界はイーリング・スタジオにあり、家族の世界はハイクレア城にある。リアルさを追求するため、イーリング・スタジオの階下の部屋はハイクレア城の実際の配置どおりに造られている。

リズ・トゥルブリッジ（プロデューサー） ハイクレア城で初めて撮影した日、中庭の気温はマイナス６度。シボーン（オブライエン役）がタバコを落っことすほどの寒さだったわ！

　順不同で撮影するために、状況はよけいに複雑だった（ふたつのエピソードの"ブロック"ごとに撮影され、シーンが順番に撮影されることはまずない）。シーズン３の初日のシーンは、２月半ばに撮影された。夏のシーンだったので、キャスト全員が夏の衣装を着ていて、カメラが回っていないときには、コートを着こみ、湯たんぽと、ブランケットで暖をとった。

　伯爵家の寝室のセットは今はイーリング・スタジオに造られているが、ハイクレア城の寝室を正確な比率で再現した。「シーズン１で得た教訓のひとつよ」と、トゥルブリッジ。「ハイクレア城の寝室で撮影するのは、難しいとわかったの。狭すぎるのよ。カメラクルーがなかに入ると窮屈でしょうがないわ。それに窓を開けられないから、温度調節が難しくて。イーリング・スタジオで撮影するほうがずっと簡単よ。セットを動かして、塗りなおしたり、壁紙を変えたり、模様替えをしたりすれば、メアリーの部屋からグランサム伯爵の部屋に変えられる——しかも、たったの一日で。奇跡的なスピードと効率よ！」

　大きなカントリーハウスのなかでは、人目につかないざわざわした階下の部屋と、伯爵家が使う階上の壮麗な部屋という区別があるが、テレビのなかでは、画面に映る部分と映らない部分という区別がある。撮影されているシーンのまわりで、いろいろな作業が行なわれる。デイジーとパットモアが調理するシーンが撮影されるとき、あるいは書斎でメアリーとマシューが甘い雰囲気になるシーンが撮影されるとき、周囲ではおおぜいのスタッフが動きまわり——衣装係、メイクアップ・アーチスト、小道具係、大道具係、デザイナー、プロデューサー、アシスタント・ディレクター、音響エンジニア、照明係、カメラ係、調理係、使い走りなど——監督と脚本家の構想を実現するために力を注ぎ、ダウントン・アビーに命を吹きこむことに集中する。スタンバイしている者もいれば、本番を撮影している者もいる。カメラを台車に固定して短いレールトラックにそって移動するスタッフもいれば、厨房のシーンでは、"スモーク"マシーンを操作し、コンロの裏にある穴からもく

ハイクレア城は凍えるほど寒い。湯たんぽや厚手のダウンコートなどの防寒着がリハーサルやテイクとテイクのあいだの必需品だ。

もくと蒸気をのぼらせる2人組の男性スタッフもいる。"ビデオ村"（小さなビデオ・モニターの列の前のスペース）では、監督、プロデューサー、撮影監督が背を丸めてキャンバス・チェアにすわっていて、撮影の進行に目を光らせる。しかし、テイクとテイクのあいだごとに、この部隊が急いで行動を起こすと、一瞬にして、セットはあわただしい雰囲気に包まれる。メイクアップ・アーチストは役者に駆け寄り、"マティファイアー"（顔がてかるのを防ぐ化粧品）を顔にはたいたり、軽くメイクの手直しをしたりする。「いちばん厄介なのは」ボーンが打ち明ける。「髪の毛の乱れ。毛のかたいブラシがあるので、それでとかして抑えます」長身のヒュー・ボネヴィルは、中腰になってメイク直しをしてもらう。

ジェイソン・ギル（コスチュームチーム主任） 下僕の白い手袋は汚れやすいから、扱いがたいへんだ。とくに赤ワイン（じつは、ぶどうジュース）をつぐときは要注意だ。

　コスチュームチームは大急ぎで衣装のドレープや襟を直さなければならない。衣装、とくに男性の衣装をきちんと見せるのは、終わりのない戦いだ。コスチュームチーム主任のジェイソン・ギルがこう説明する。「男性陣には、衣装にしわをつけないように注意している。でも、ときどき、宇宙全体を敵に回したような気分になる。糊づけした襟のせいで怪我をすることも。とくに気を遣うのは、メイクで襟が汚れないようにすることだ」ふたたび、照明がセットされ、音響が調節され、役者の立ち位置に印がつけられる。ジム・カーターが撮影現場を見渡し、カーソンのような威厳のある口調で言う。「撮影には、ちょっと使用人の仕事に似たところがある――長時間待たされるかと思うと、急にあわただしくなる」
　すべての作品と同じように虚実が入り混じっていて、現実と同じだけ、虚構がある。メイド役のエキストラのジョージニア・メリングがこう言う。「小道具はすべて作りものだと思っていました。でも、あるときティー・トレイを運んだら、すごく重かったわ！」衣装も本物志向だ。「芯の入った襟をつけるのは、ほんとうにつらいよ」と、ボネヴィル。「だけど、あれを着ると身も心もひきしまる」
　しかし、撮影を実際的に進めるためには、ある程度の調整を必要とする。

セット内は雑然としていてあわただしい。役者が各シーンで自分の立ち位置がわかっていると、撮影がスムーズに進む。床につけられた色は、役者の立ち位置を示す。

舞台裏 313

　敷石の道には、吸音マットがしかれ、役者は靴の裏にゴム製パッドをつける。アルフレッド役のマット・ミルンは190センチを超える長身なので、彼の登場シーンにはちょっと問題が生じる。厨房のテーブルわきでのシーンでは、マーサ・レヴィンソンの侍女リード役のルシール・シャープは、自然な画面になるように、台の上に立たなければならなかった。

　厨房や食堂で本物の料理を使って撮影するのは、いつもチャレンジだ。「今日は撮影でロブスターを使ったわ」と、料理人パットモア役のレスリー・ニコルが言う。「初めから、においがきつかったけど、時間がたつとますますそれがひどくなるの。ボウルに入れたリンゴでも、一日撮影をしているあいだに、においだすわ」食べ物は作りもののこともあるが（メアリーとマシューのウェディングケーキが段ボールで作った偽物だったので、クルーはがっかりした）、たいていは本物だ。においがする、腐る、とける、崩れるといった避けられない問題に対処するために、料理制作担当のリサ・ヒースコートはすばらしい方法をあみだした。「食堂のまわりで1シーンを撮影するのに一日がかりになることがあります。数台のカメラで登場人物全員をまんべんなく撮影するためです。だから、料理を長持ちさせなくてはいけないの。クリームソースや、魚は避けるようにしています」とはいえ、歴史を忠実に再現するとなると、ディナーに"フィッシュ・コース"はつきものだ。「そのときには」ヒースコートが明かした。「チキンか、いわゆる"チキンフィッシュ"を使います。たいていソースをかけて。においがしなくて、しかも食べられるっていうのが利点なの」牡蠣（当時、パーティでの定番のごちそうだった）が必要なときには、洗った牡蠣のからにオイスターマッシュルーム（ひらたけ）をつめたものを使う。

　食べ物の準備には細心の注意が必要に違いない。「脚本のメニューひとつにつき、メニューカードを作ります」と、ヒースコート。「メニューとしては、比較的簡単で見栄えのするもので、歴史的に正しいものを採用します」役者が自分で自分の分を取り分けるので、大皿から自分の皿にスマートに料理を取れるような工夫も必要だ。「そのため、パイ皮に包んだ料理をよく出します。基本的に、伯爵一家の食事シーンは、イーリング・スタジオの厨房のセットでパットモアとデイジーが調理するシーンより3週間前に、ハイクレア城の食堂で撮影されるんです。だから、詳細にメモしておかないといけません――もちろん、料理の写真もたくさん撮りますけどね！」

　一日がかりの撮影のあいだには、料理を定期的に取り替えなければならない。食事全部を取り替えることも多い。18人分の食事のために、ヒースコートは70人前も調理しなければならない。しかも、道具はかぎられ、条件は

マシューとメアリーの結婚式の撮影には、本物の結婚式と同じくらい周到な準備が必要だった。すべてを完璧にするだけでなく、歴史的に正しくなければならないからだ。

そのときどきで変わる。「ある日、ハイクレア城の屋外で調理していたの。さばいた肉の皿をずらりと広げていたら、レディ・カーナーヴォンが犬たちを連れて出ていらっしゃったのよ。犬が肉めがけて走ってきたわ。必死で追いはらったわよ！」

しかし、あわただしい雰囲気にもかかわらず、セットのなかは基本的に静けさがただよう。メアリー役のミッシェル・ドッカリーは、これはパーシヴァルの影響だと考える──「彼はけっしてイライラしないの」それにトゥルブリッジの影響でもある。「彼女の影響も大きいわね。ローラ・カーマイケル（イーディス役）が彼女は《ナルニア国物語》の『ライオンと魔女』に出てくるライオンのアスランみたいだと言っているわ。落ち着きを与えてくれる存在なの。彼女がいないと、わたしたちは不安になってしまうの！」笑い声も絶えない。ルシール・シャープは"出演者がユーモアのある人ばかり"だとわかって喜んだ。厨房でのテイクとテイクのあいだに、デイジーとパットモアがスリー・ディグリーズのなつかしい『天使のささやき』をデュエットしはじめた。役の上では身分の差があっても、役を離れれば仲がいい。エリザベス・マクガヴァン（コーラ役）は言う。「ドラマのなかみたいに、わたしが3人娘に忠告することはないわ。アドバイスされるのは、わたしのほうなのよ！」「最高だったわ」カーマイケルはハイクレア城で一緒に過ごしたときのことをこう話す。「このドラマに参加できてほんとに幸せよ。ジム・カーター（カーソン役）はバーでマジックを見せてくれるの。赤いボールを10ポンド札に変えちゃうのよ！ 夏にはみんなでクリケットをするわ」プロらしい意見もある。ロブ・ジェームス＝コリアー（トーマス役）が明かす。「すごく勉強になった。シボーン・フィネラン（オブライエン役）はすばらしいよ。彼女を見ていて、大事なのは目だとわかった。このことに気づかなかったら、ぼくはトーマスを大げさに演じただろうね。パントマイムの悪役みたいに」

3シーズンの共演をへて、俳優陣のあいだに仲間意識が生まれた。「今年はとくに一体感が強くなったわ」と、マクガヴァン。「みんながそれぞれに絆を深めたの」この大人気ドラマの制作にたずさわった全員が、『ダウントン・アビー』の世界にかかわり、そこで生きることによって感動を覚えた。シーズン3では、登場人物が急速に変わりゆく世界に入ってゆく。『ダウントン・アビー』がますますキャスト、クルー、視聴者を魅了することはあきらかだ。

ロブ・ジェームス＝コリアー（トーマス役） なにがすばらしいって、英国の名優がそろっていることだ。

セットの準備ができて撮影ができるまで、あわただしい現場で長い待ち時間がある。

シーズン3キャスト

ヒュー・ボネヴィル − グランサム伯爵 ロバート
エリザベス・マクガヴァン − グランサム伯爵夫人 コーラ
ミシェル・ドッカリー − レディ・メアリー・クローリー
ダン・スティーヴンス − マシュー・クローリー
ローラ・カーマイケル − レディ・イーディス・クローリー
ジェシカ・ブラウン・フィンドレイ − レディ・シビル・クローリー
マギー・スミス − 先代グランサム伯爵夫人 バイオレット
シャーリー・マクレーン − マーサ・レヴィンソン
ペネロープ・ウィルトン − イザベル・クローリー
サマンサ・ボンド − レディ・ロザムンド・ペインズウィック
アレン・リーチ − トム・ブランソン
ピーター・イーガン − フリントシャー侯爵
フィービー・ニコルズ − フリントシャー侯爵夫人
リリー・ジェームズ − レディ・ローズ・マクレア

ジム・カーター − チャールズ・カーソン
フィリス・ローガン − エルシー・ヒューズ
レスリー・ニコル − ベリル・パットモア
ブレンダン・コイル − ジョン・ベイツ
ジョアン・フロガット − アンナ・ベイツ
シボーン・フィネラン − サラ・オブライエン
ロブ・ジェームズ＝コリアー − トーマス・バロー
ソフィー・マックシェラ − デイジー・メーソン
ケヴィン・ドイル − アルフレッド・モールズリー
クリスティン・ローア − メイ・バード
エイミー・ナトール − エセル・パークス
マット・ミルン − アルフレッド・ニュージェント
ルシール・シャープ − リード
カーラ・シオボルド − アイビー・スチュアート
エド・スピーラーズ − ジミー・ケント

デヴィッド・ロブ − クラークソン医師
ロバート・バサースト − アンソニー・ストララン卿
マイケル・コクレイン − トラビス司祭
ジョナサン・コイ − ジョージ・マレー
ケヴィン・R・マクナリー − ホレイス・ブライアント
クリスティン・マッキー − ダフネ・ブライアント
ダグラス・レイス − マートン卿
チャーリー・アンソン − ラリー・グレイ
マイケル・カルキン − ヨーク大主教
ティム・ピゴット＝スミス − フィリップ・タプセル卿
チャールズ・エドワーズ − マイケル・グレッグソン
バーナード・ギャラガー − ビル・モールズリー
テレンス・ハーベイ − ジャービス
ルアリ・コナハン − キーラン・ブランソン
ジョン・ヘンショー − タフトン

献　辞

　本書が完成したのは、ジュリアン・フェローズとギャレス・ニームのおふたりのおかげだ。プロとしての仕事だけでなく、このプロジェクトとわたしに対して示してくださった寛大な心に、感謝を述べたい。

　ハーパーコリンズ社の優秀なチームと仕事ができたこともすばらしい経験だった。チーム全員が最上の本を作るために尽力してくださった。ハンナ・マクドナルド、ヘレン・ウェッジウッド、エミリー・ラブラン、ミファンウィー・ヴァーノン＝ハント、ジェーン・ベイノン、キャサリン・パトリックそしてサリー・コールにもお礼を申しあげる。

　ミルク・パブリシティのウナ・マグワイア、ヴィクトリア・ブルックス、ジェシカ・モリスのお三方にも感謝を。また、ファーニス＆ロートンのローワン・ロートン、カーニバル・フィルムのエージェントであるPFD社のアナベル・メルーロ、LAWのマーク・ルーカスにもお礼を述べる。エマ・キッチナー＝フェローズからは、当時に関する貴重な洞察と深い知識をいただいた。

　この本のために快く時間をさいてくださった『ダウントン・アビー』のすべてのキャストとクルーにも、感謝を。撮影スケジュールのあいまを縫ってできるかぎりの協力をしていただいた。俳優陣あるいはクルー、作品にかかわるすべての人々がなんらかの形で貢献してくださった。

　本書の歴史的な面の調査にあたっては、前回と同じく、ロンドン図書館が貴重な情報源だった。熱心なスタッフの配慮に感謝する。

　本書には、たくさんの詳細な歴史、長年にわたる調査と興味がなければ得られない豊富な知識がつまっている。われわれが権利を主張できるのは、そのごく一部にすぎない。残りは、エマ・キッチナー＝フェローズ、ジュリエット・ニコルソン、ヴァージニア・ニコルソン、そしてウエストミンスター公爵夫人故ロエリア・ポンソンビーのインタビューと著書のおかげである。

　最後になったが、著者ジェシカ・フェローズより感謝をこめて。「最愛のサイモン、ベアトリクス、ルイス、ジョージへ。わたしはふたたびあなたたちのもの……次作に取りかかるまではね」

参考文献

Allen, E., *Home Sweet Home: A History of Housework* (1979)
Annual Register 1920 (1921)
Arlen, Michael, *The Green Hat* (Robin Clarke, London, 1924)
Asquith, Margot, *Autobiography* (1920)［『アスキス夫人自叙傳』岡島亀次郎訳, 大日本文明協会事務所, 1925］
Bailey, Catherine, *Black Diamonds* (2007)
Balderson, Eileen, with Goodland, Douglas, *Backstairs Life in a Country House* (1982)
Bapasola, Jeri, *Household Matters: Domestic Service at Blenheim Palace* (2007)
Blythe, Ronald, *The Age of Illusion: England in the Twenties and Thirties, 1919–1940* (1963)
Brassley, Burchardt & Thompson, eds, *The English Countryside Between the Wars* (2006)
Burnett, J., *Useful Toil: Autobiographies of working people from the 1820s to 1920s* (1984)
Cannadine, David, *The Decline and Fall of the British Aristocracy* (Picador, London, 1992)
Cannadine, David, *Class in Britain* (Penguin, London, 2000)［D・キャナダイン『イギリスの階級社会』平田雅博, 吉田正広訳, 日本経済評論社, 2008］
Country Life (1920)
Creasy, J. S. & Ward, S. B., *The countryside between the wars, 1918–1940* (Batsford, London, 1984)
Dean, Charles, 'Boot Boy's Story' in *Gentlemen's Gentlemen: my friends in service,* ed. Rosina Harrison (1976)
Fielding, Daphne, *Emerald and Nancy* (Eyre & Spottiswode, London, 1968)
Forsythe, W. J., *Prison Discipline, Reformatory Projects and the English Prison Commission 1895–1939* (1990)
Foster, Roy, *The Oxford History of Ireland* (Oxford University Press, Oxford, 1992 ed.)
Gorst, Frederick, *Carriages and Kings* (1956)
Graves, Robert & Hodge, Alan, *The Long Weekend – A Social History of Great Britain 1918–39* (1941)
Grimmett, Gordon, 'Lamp Boy's Story' in *Gentlemen's Gentlemen: my friends in service*, ed. Rosina Harrison (1976)
Hall, Michael, ed., *Victorian Country House* (2009)
Hardyment, Christine, *From Mangle to Microwave: The Mechanisation of Household Work* (Polity Press, 1988)
Harrison, Rosina, *Rose, My life in service* (Penguin, London, 1975)［ロジーナ・ハリソン『おだまり、ローズ——子爵夫人付きメイドの回想』新井潤美監修, 新井雅代訳, 白水社, 2014］
Hattersley, Roy, *Borrowed Time* (Little Brown, London, 2007)
Henderson, Carol & Tovey, Heather, *Searching for Grace* (Steele Roberts Publishers, Wellington, New Zealand, 2010)
Holmes, Michael, *The Country House Described* (1987)
Horn, Pamela, *Life Below Stairs in the Twentieth Century* (2001)
Horn, Pamela, *Women in the 1920s* (1995)
Horne, Eric, *What the Butler Winked at* (1923)
Huggett, F. E., *Life Below Stairs – Domestic Servants in England* (1977)
Huxley, Aldous, *Crome Yellow*［A・ハックスレイ『クローム・イエロー』上田勤訳, 金星堂, 1955］
Illustrated London News (1920)
Inch, Arthur, *Reminiscences* in *Gentlemen's Gentlemen: my friends in service*, ed. Rosina Harrison (1976)
James, John, *The Memoirs of a House Steward* (1949)
Jennings, Charles, *Them and Us: The American Invasion of British High Society* (The History Press, 2007)
Johnson, Paul, *Modern Times* (2006)
King, Ernest, *The Green Baize Door* (1963)
The Lady (1920)
Loelia, Duchess of Westminster, *Grace and Favour* (Weidenfeld & Nicolson, London, 1961)
Looking Back at Britain – decadence and change 1920s (Reader's Digest, 2010)
Masterman, C. F. G., *England After the War* (1922)
Mitford, Nancy, *The Pursuit of Love* (1945), *Love in a Cold Climate* (1949)［ナンシィ・ミットフォード『愛の追跡』奥山康治監訳, 彩流社, 1991］

Morris, Norval and David Rothman, eds. *The Oxford History of the Prison* (1998)

Mowat, Charles Loch, *Britain Between the Wars: 1918-1940* (Methuen, London, 1956)

Mullins, Samuel, and Gareth Griffiths, eds, *Cap and Apron: An Oral History of Domestic Service in the Shires 1880–1950* (1986)

Musson, Jeremy, *Up and Down Stairs: The History of the Country House Servant* (John Murray, London, 2010)

Nicholson, Virginia, *Singled Out* (Penguin, London, 2007)

Nicolson, Adam, *The Gentry: Stories of the English* (Harper Press, London, 2011)

Nicolson, Juliet, *The Great Silence 1918–1920: Living in the Shadow of the Great War* (John Murray, London, 2009)

Overy, Richard, *The Morbid Age – Britain and the Crisis of Civilization 1919–39* (2009)

Powell, Margaret, *Servants' Hall* (Michael Joseph, London, 1979)

Pugh, Martin, *We Danced All Night: A Social History of Britain Between the Wars* (Bodley Head, London, 2008)

Punch (1920)

Rennie, Jean, *Every Other Sunday: The Autobiography of a Kitchen Maid* (1955)

Sambrook, Pamela, *Keeping Their Place: Domestic Service in the Country House 1700–1920* (2005)

Scriven, Marcus, *Dynasties* (Atlantic Books, London, 2009)

Stevenson, John, *The Penguin Social History of Britain: British Society 1914–45* (Penguin, London, 1990)

Stopes, Marie Carmichael, *Married Love or Love in Marriage* (New York, 1918)［マリー・ストープス『結婚愛』平井潔訳, 理論社, 1970ほか］

Stopes, Marie Carmichael, *Wise Parenthood* (G. P. Putnam's Sons Ltd, London, 1918)［マリー・ストープス『賢明な親の性生活』平井潔訳, 理論社, 1953ほか］

Sykes, Christopher, *The Big House* (Harper Perennial, London, 2004)

Thomas, Margaret, 'Behind the Green Baize Door' in *The Day Before Yesterday*, ed. Noel Streatfield (1956)

Vanderbilt Balsan, Consuelo, *The Glitter and the Gold* (George Mann, Maidstone, 1973)

Waldemar-Leverton, Mrs, *Servants and their Duties* (1912)

Washington, George, 'The Hall Boy's Story' in *Gentlemen's Gentlemen: my friends in service* ed. Rosina Harrison (1976)

Waterson, Merlin, ed., *Country House Remembered* (1985)

Waugh, Evelyn, *Brideshead Revisited* (1945)［イーヴリン・ウォー『回想のブライズヘッド』小野寺健訳, 岩波書店, 2009ほか］

Whetham, E. H., *The Agrarian History of England and Wales 1914–1939, Vol. 8* (Cambridge University Press, 1978)

Wilson, A. N., *After the Victorians* (Hutchinson, London, 2005)

Wodehouse, P. G., *Something Fresh* (1915)

Wodehouse, P. G., *Wonderful Wodehouse 1A Collection* (Random House)［P・G・ウッドハウス『比類なきジーヴス』『それゆけ、ジーヴス』『でかした、ジーヴス！』森村たまき訳, 国書刊行会などのコレクション版］

写真クレジット

p.33 Canadian Railway, Mary Evans/Onslow Auctions Ltd, p.33 Train on bridge, Getty/Buyenlarge, p.34 Royal Worcester advertisement, Mary Evans Ltd, p.36 Toaster advertisement, Mary Evans, p.80 Hats from Paris, Mary Evans/Jazz Age Club Collection, p.81 *La Revue de Madame*, Mary Evans, p.84 Woodbine advertisement, Image Courtesy of the Advertising Archives, p.99 Pattern, Shutterstock, p.115 Diet advertisement, Image Courtesy of the Advertising Archives, p.115 Ven-Yusa face cream, Mary Evans, p.115 *American Magazine*, Image Courtesy of the Advertising Archives, p.115 Gramophone, Shutterstock, p.131 Medal, Mary Evans/Interfoto, p.156 *Evening Herald* newspaper, Getty/Hulton Archive, p.156 *Le Petit Journal*, Getty/Universal Images Group, p.160-161 Skinner & Grant tailors advertisement, Mary Evans/Jazz Age Club, p.171 Gloria Swanson, Getty/Buyenlarge, p.171 Monkey Brand, Image Courtesy of the Advertising Archives, p.171 Medal, Mary Evans/Interfoto, p.174 *The Tatler*, Mary Evans/Illustrated London News Ltd, p.175 *The Sketch*, Mary Evans/Illustrated London News Ltd, p.228 *Monsieur* cover, Mary Evans, p.228 Driving goggles, Getty/Popperfoto, p.247 André Hugo's hair advertisement, Image Courtesy of the Advertising Archives.

日本語版翻訳権独占／早川書房ⓒ2015

Originally published in English by HarperCollinsPublishers Ltd under the title:
The Chronicles of Downton Abbey
Text by Jessica Fellowes and Matthew Sturgis © HarperCollins 2012

A Carnival Films/Masterpiece Co-Production
Downton Abbey Scripts © 2009-2012 Carnival Film & Television Ltd
Downton Abbey set photography © 2010-2012 Carnival Film & Television Ltd
Downton Abbey Series 1, 2 and 3 © 2010, 2011 and 2012 Carnival Film & Television Ltd
Downton Abbey™ and Downton™ Carnival Film & Television Ltd
DA crest © 2014 Carnival Film & Television
Carnival logo © 2005 Carnival Film & Television Ltd
Masterpiece is a trademark of the WGBH Educational Foundation

Photography by Joss Barratt, Nick Briggs, Giles Keyte and Gary Moyes

The authors assert their moral right to be identified as the authors of this work.

This book is published in Japan by arrangement with HarperCollins Publishers Ltd through Tuttle-Mori Agency, Inc., Tokyo.

著者紹介

ジェシカ・フェローズ（Jessica Fellowes）
作家、編集者、コラムニスト。メール・オン・サンデー紙、カントリーライフ誌などで働いた経験を持つ。ドラマ『ダウントン・アビー』の公式ガイド本、『ダウントン・アビー　華麗なる英国貴族の館――シーズン１・２公式ガイド』（早川書房刊）と A Year in the Life of Downton Abbey（シーズン４までを紹介）の著者。また、ほかに Mud and the City, Is There a Psycho in Your Life?（心理学者ケリー・デインズとの共著）などの著作がある。『ダウントン・アビー』のクリエイターで脚本家のジュリアン・フェローズは叔父にあたる。

マシュー・スタージス（Matthew Sturgis）
作家、評論家。ハーパーズ＆クイーン誌、サンデー・テレグラフ紙などに寄稿した。著書に絵本『トスカのクリスマス』、1890年代イギリスの文学と芸術を紹介する Passionate Attitudes、ビアズリーの伝記 Aubrey Beardsley などがある。

訳者略歴

水越真麻（みずこし・まあさ）
南山大学外国語学部英米科卒、英米文学翻訳家。訳書にヴァレンテ『宝石の筏で妖精国を旅した少女』、シャーヴィントン『ヴァイオレット　目覚めのとき』（以上早川書房刊）など。

ダウントン・アビー・クロニクル
ドラマ『ダウントン・アビー』公式ガイド　伯爵家の人びと篇

2015年２月20日　初版印刷
2015年２月25日　初版発行

著　者　ジェシカ・フェローズ＆マシュー・スタージス
訳　者　水越真麻
発行者　早川　浩
印刷所　株式会社精興社
製本所　大口製本印刷株式会社
発行所　株式会社　早川書房
　　　　郵便番号　101-0046
　　　　東京都千代田区神田多町2-2
　　　　電話　03-3252-3111（大代表）
　　　　振替　00160-3-47799
　　　　http://www.hayakawa-online.co.jp

ISBN978-4-15-209522-0 C0074
定価はカバーに表示してあります。
Printed and bound in Japan

乱丁・落丁本は小社制作部宛お送り下さい。
送料小社負担にてお取りかえいたします。

本書のコピー、スキャン、デジタル化等の無断複製は著作権法上の例外を除き禁じられています。